VORSATZ
Am vorderen und hinteren Buchdeckel befestigtes Papier, dessen eine Hälfte auf dem Buchdeckel angeklebt ist (hier die linke Seite), während die andere ein bewegliches Blatt darstellt. Es dient dazu, die Graupappe des Deckels und das Heftgewebe zu verkleiden sowie die Verbindung mit dem Buchblock zu verfestigen. Das Vorsatzpapier ist in diesem Buch gut zu erkennen, weil es mit einer Farbe bedruckt ist, die einen schönen Farbkontrast zum Buchblock herstellt.

SEITE EINS

Ab hier, nach dem am Buchblock angeklebten Vorsatz, werden die Seiten gezählt. Die Seite eins wird traditionell als »Schmutztitel« bezeichnet, da zu Zeiten, als der Leser das Werk noch als lose Bogen kaufte und beim Buchbinder seiner Wahl zu einem Buch verarbeiten ließ, diese Seite tatsächlich – neben dem Namen des Autors – den Titel trug und die folgenden Seiten vor Schmutz schützte.
Seit etwa hundert Jahren ist das gebundene Buch, der sogenannte Verlagseinband, üblich. Die Seite eins muß deshalb nicht mehr vor Schmutz schützen, sondern kann wie hier mit einem Verlagssignet geschmückt werden.

SEITE ZWEI
Die Büchermacher sagen zu so einer leeren Seite *vakat*. Traditionell kann auf dieser Seite eine kleine Zeichnung oder ein Bild stehen – ein sogenanntes Frontispiz. Sehr aufwendig und wertvoll ist dann ein auf speziellem Bilderdruckpapier gedrucktes und eingeklebtes Bildchen. Bei Werkausgaben oder Reihen wird diese Seite aber auch für Teile des Titels genutzt, und es gibt immer wieder Gestalter, die für den Titel beide Seiten nutzen.

SEITE DREI (RECHTS)
Für den Leser beinhaltet sie die wichtigste Information: den Namen des Autors und/oder Herausgebers und den Werktitel. Daneben weitere Informationen wie eine Gattungsbezeichnung, etwa Roman, und den Verlagsnamen.

OLAF IRLENKÄUSER
RAINER VOLLMAR

DAS BUCH DER BÜCHER

| Hoffmann und Campe |

SEITE VIER

Auf dieser Seite befindet sich in der Regel das Impressum, dessen Hauptaufgabe es ist, die Urheberrechte zu sichern. Darin sind außerdem häufig verzeichnet: Druckort, Verlag und ISBN. Sollten Sie auf Seite vier einmal nicht fündig werden, versuchen Sie Ihr Glück auf der letzten Seite des Buches.

SEITE FÜNF (RECHTS)

Hier beginnt das Inhaltsverzeichnis. Es ist ungefähr so wichtig wie eine Straßenkarte in einer fremden Stadt.

1. Auflage 2006

www.hoca.de
Mit einer Illustration von Claas Jansen
Einbandgestaltung: Katrin Steigenberger
Printed in Germany
ISBN (10) 3-455-50008-0
ISBN (13) 978-3-455-50008-0

HOFFMANN UND CAMPE

Ein Unternehmen der
GANSKE VERLAGSGRUPPE

INHALT

»Das Leben ist so kurz! Selbst wenn Sie ein Bücherfresser sind, und nur fünf Tage brauchen, um ein Buch zweimal zu lesen, schaffen Sie im Jahr nur siebzig. Und für die fünfundvierzig Jahre, von fünfzehn bis sechzig, die man aufnahmefähig ist, ergibt das 3150 Bände: die wollen sorgfältig ausgewählt sein.«

Arno Schmidt

DAS BUCH DER BÜCHER

KULTUR ALS STAATSZIEL

Der Beschluß, eine Enquêtekommission »Kultur in Deutschland« einzusetzen, wurde am 3. Juli 2003 gefaßt. Sie besteht aus 22 Mitgliedern, von denen elf Abgeordnete des Deutschen Bundestages sind und weitere elf Sachverständige, also BürgerInnen mit besonderer Sachkompetenz in Fragen der Kultur, die von den Fraktionen nach dem Parteienproporz im Bundestag benannt werden. Die Enquêtekommission schlug am 1. Juni 2005 folgende kurzgefaßte Formulierung für einen neuen Paragraphen 20 b des Grundgesetzes vor: »Der Staat schützt und fördert die Kultur.«

> »Ich habe einmal einen Kurs in Schnell-Lesen gemacht
> und *Krieg und Frieden* in zwanzig Minuten gelesen.
> Es geht um Rußland.«
>
> *Woody Allen*

BUCH – ETYMOLOGISCH

Der Begriff stammt vom altsächsischen »bok« ab, das im Singular »Buchstabe« bedeutet und im Plural »Schriftstück«; es kann auch »Zeichen« oder »Los« bezeichnen.

> »Deutsche Literatur ist alles in Schrift Verfaßte und durch Druck Verbreitete, was in unserer Nation durch Nachdenken und Forschen zur Wissenschaft gebracht worden ist; alles, was der Geist durch Anschauung und Phantasie entdeckt, bildet und aufstellt, durch Witz und Scharfsinn erfindet, vergleichet, erhellet, durch Beredsamkeit klar und lichtvoll darstellet.«
>
> *Friedrich Christoph Perthes*

VON BÜCHERN UND MENSCHEN

Bibliograph	Bücherkenner
Biblioklast	Bücherzerstörer
Bibliolatrist	Bücherverehrer im Übermaße
Bibliomane	krankhafter Büchersammler
Bibliophage	Bücherfresser
Bibliophiler	Bücherliebhaber
Bibliophober	Bücherfeind
Bibliothekar	Mitarbeiter einer Leihbücherei
Bibliothekograph	Beschreiber der Geschichte einer Bibliothek
Bibliotherapeut	Heilkundiger mit Hilfe von Büchern

»Die Gesundheitspolizei sollte, im Interesse der Augen, darüber wachen, daß die Kleinheit des Drucks ein festgestelltes Minimum habe, welches nicht überschritten werden dürfe.«

Arthur Schopenhauer

SO SPRECHEN DIE BÜCHERMACHER (1)

Kolumnentitel	Der Kolumnentitel tritt lebend und/oder tot in Büchern auf. Lebender Kolumnentitel wird die Textinformation genannt, die ober- oder unterhalb des Satzspiegels stehen kann und sich passend zur jeweiligen Seite verändert. Der tote verändert sich nicht mehr, bleibt am Platz und zeigt die Seite an.
Serifen	Auch als »Füßchen« bezeichnete feine Linien, die einen Buchstabenstrich abschließen. Es gibt Schriften mit (Antiqua) und ohne Serifen (**Groteske**) sowie viele Abstufungen zwischen diesen beiden Extremen.
Vakatseiten	Unbedruckte Buchseiten
Et-Zeichen	Bezeichnung für das Kaufmanns-Und. Es kann in den vielfältigsten Formen auftreten: *& & & & & & & & & & & et*. Entstammt einer Zusammenziehung der beiden Buchstaben e und t.
Brotschrift	Hauptschriftart, aus der ein Werk hauptsächlich gesetzt ist.

LESEN IM GEFÄNGNIS

Auch im Gefängnis darf gelesen werden. Näheres regelt das Strafvollzugsgesetz. Die relevanten Paragraphen des Strafvollzugsgesetzes sind:

§ 67
Allgemeines
Der Gefangene erhält Gelegenheit, sich in seiner Freizeit zu beschäftigen. Er soll Gelegenheit erhalten, am Unterricht einschließlich Sport, an Fernunterricht, Lehrgängen und sonstigen Veranstaltungen der Weiterbildung, an Freizeitgruppen, Gruppengesprächen sowie an Sportveranstaltungen teilzunehmen und eine Bücherei zu benutzen.

§ 68
Zeitungen und Zeitschriften
(1) Der Gefangene darf Zeitungen und Zeitschriften in angemessenem Umfang durch Vermittlung der Anstalt beziehen.
(2) Ausgeschlossen sind Zeitungen und Zeitschriften, deren Verbreitung mit Strafe oder Geldbuße bedroht ist. Einzelne Ausgaben oder Teile von Zeitungen oder Zeitschriften können dem Gefangenen vorenthalten werden, wenn sie das Ziel des Vollzuges oder die Sicherheit oder Ordnung der Anstalt erheblich gefährden würden.

§ 70
Besitz von Gegenständen für die Freizeitbeschäftigung
(1) Der Gefangene darf in angemessenem Umfang Bücher und andere Gegenstände zur Fortbildung oder zur Freizeitbeschäftigung besitzen.

LITERATUR IM JAHRESKREIS

Januar, Februar (Tagebuch von Helmut Krausser)
Die Iden des März (Roman von Thornton Wilder)
Verzauberter April (Roman von Elizabeth von Arnim)
Manfred Mai (Kinderbuchautor)
Mai, Juni, Juli (Roman von Joachim Lottmann)
Juli Zeh (Schriftstellerin)
August von Platen (deutscher Dichter)
September (Roman von Rosamunde Pilcher)
Jagd auf Roter Oktober (Roman von Tom Clancy)
November 16 (historischer Roman von Alexander Solschenizyn)
Der kleine König Dezember (Märchen von Axel Hacke)

BAND 1 VON TASCHENBUCHREIHEN

Die Gründung der rowohlts rotations romane, kurz rororo, im Jahre 1950 läutete eine Revolution im Buchmarkt ein. Im Laufe der Zeit sind etliche weitere Taschenbuchreihen entstanden, deren erste Bände programmatische Bedeutung für die gesamte Reihe besitzen. Die älteste Taschenbuchreihe existierte damals freilich schon seit 83 Jahren.

1867	RUB (Reclam)	Johann Wolfgang Goethe, Faust
1950	rororo (Rowohlt)	Hans Fallada, Kleiner Mann was nun?
1952	Fischer Taschenbuch	Thornton Wilder, Die Brücke von San Luis Rey
1961	dtv	Heinrich Böll, Irisches Tagebuch
1963	edition suhrkamp	Bertolt Brecht, Leben des Galilei
1970	Serie Piper	Hannah Arendt, Macht und Gewalt
1971	suhrkamp taschenbuch	Samuel Beckett, Warten auf Godot
1971	detebe (Diogenes)	Alfred Andersch, Die Kirschen der Freiheit
1972	insel taschenbuch	Johann Wolfgang Goethe, Die Wahlverwandtschaften
1996	btb (Random House)	Caroline Llewellyn, Die Galerie
2001	Berliner Taschenbuch	Gustaf Sobin, Der Trüffelsucher

REZENSIONSEXEMPLAR

Vorabexemplar – Buch, das vor dem Verkauf im Buchhandel zum Zwecke der öffentlichen Kritik an die Medien gegeben wird. Auch an Buchhandlungen werden Vorabexemplare verteilt, sogenannte »Leseexemplare«, wovon sich der Verlag mehr Erfolg erhofft.

BUCH – HISTORISCH

Ab ca. 3500 v. Chr. schrieben die Ägypter auf Papyrusrollen. Um 300 v. Chr. wurde die berühmte Bibliothek von Alexandria gegründet. Die ältesten Bücher bestanden aus mehreren Lagen Pergament, die in der Mitte gefaltet und zusammengeheftet wurden, ähnlich dem heutigen Buch. Die Römer hatten von den Ägyptern und Griechen die Papyrusrollen übernommen und banden sie in sogenannten Codices (lat. codex = Heft). Ab dem 14. Jahrhundert kam Papier auf. Die erste Papiermühle in Deutschland stand 1390 in Nürnberg. Johannes Gutenberg erfand ca. 1450 den Buchdruck mit beweglichen Lettern.

BÜCHER-ESSER (1): ÄTHIOPIEN

Menelik II., geboren 1844, Gründer des modernen Äthiopiens, hatte die Angewohnheit, immer wenn er sich krank fühlte, einige Seiten der Bibel zu verspeisen, die ihm nach eigenen Angaben sofortige Besserung verschafften. Im Dezember 1913, nachdem er einen Schlaganfall erlitten hatte, ließ er das gesamte Buch der Könige aus einer ägyptischen Ausgabe der Bibel heraustrennen, um es Seite für Seite aufzuessen. Danach verstarb er.

SO SPRECHEN DIE BÜCHERMACHER (2)

Fadenheftung	Die Verbindung der Papierseiten oder -bögen zu einem Heft oder Buchblock wird häufig mit einem Faden vorgenommen. Die Fadenheftung erfolgt generell nach dem Zurichten der Lagen und dem Anbringen der Vorsätze. Danach folgt das Ableimen des Buchblocks.
Kaptalband	Auch Kapitalband genannt – ein schmales Zierband, das am Kopf und am Fuß des Buchblockrückens angeklebt ist. Dieses Buch hat ein lilafarbenes Kaptalband.
Leseband	Ein Stoffband, das am Kopf des Buchblockes befestigt wird und als Lesezeichen dient. Bücher mit Anhang oder großem Umfang haben manchmal zwei Lesebänder.
Fälze	Bei gebundenen Büchern heiß eingepreßte Rille zwischen Buchdecke und Buchrücken. Bei diesem Buch suchen Sie allerdings vergeblich!
Flattermarken	Kleine schwarze Balken, die auf dem Rücken der gefalzten Bögen gedruckt und von Bogen zu Bogen treppenartig abgestuft sind. Sie dienen zur visuellen Kontrolle beim Zusammentragen und Binden der Bögen. Als Leser werden Sie Flattermarken allerdings nie zu Gesicht bekommen, da sie hinter Heftgewebe und Buchrücken verborgen sind.

BELLETRISTIK

Vom französischen »belles lettres« (schöne Buchstaben): schöngeistige, vor allem Unterhaltungsliteratur. Im Gegensatz hierzu: das Sachbuch.

»Neuerdings bin ich auch dieser abscheulichen Gewohnheit verfallen, den Tag mit dem Lesen der Zeitung zu beginnen«, sagte ich neulich zu einem Bekannten. Er sah mich verständnislos an. Als ich ihm erklärte, bis vor kurzem hätte ich nach dem Frühstück einige Seiten in einem guten Buch gelesen, setzte er ohne noch ein Wort für mich seinen Weg fort, als wäre etwas Bedauerliches zwischen uns getreten. »Natürlich nicht in einem Roman«, beharrte ich eigensinnig, »sondern etwas, das nachdenken macht, zum Denken anregt. Einen Essay von Bacon, eine Arbeit von Ernst Hello oder von Paul Valéry, in Goethes naturwissenschaftlichen Schriften, den Noten und Abhandlungen zum Divan.« Als ich erzählte, das Liebste dafür wären mir Hebels Schatzkästlein, Lafontaines Fabeln und Grimms Märchen gewesen, und daß ich in meinen Morgenstunden immer wieder zu diesen Büchern zurückgekehrt sei, schnappte er fast nach mir: ob ich ihn höhnen wolle. Nun erzählte ich, daß ich einige Zeit in einem Schulinternat lebte, wo es Sitte war, vor dem Früstück ein Präludium und eine Fuge von Bach anzuhören. »Warum soll man den Tag nicht mit einer anspruchsvollen Gewohnheit beginnen!« – »Das praktische Leben ist gewöhnlich. Überspanntheit und Einbildung im gewöhnlichen Umgang: man stolpert über seine eigenen Füße.« – »Das Lesen am Morgen dient mir eigentlich dazu, die Flügel meiner Einbildung zu binden, den Geist wach zu machen für eine Ordnung in meinen Schritten für das genaue Maß. Es ist ein Mittel gegen Ungenauigkeit und Zerstreutheit. Es legt den Bleikiel in mein Fahrzeug.« Und hier erzählte ich meinem Bekannten die Anekdote vom alten, zum Tode verurteilten Chinesen. Am Abend vor seiner Hinrichtung nach seinen letzten Wünschen gefragt, bat er um die Sieben Bücher der Weisheit. Das war auch in China ungewöhnlich, und morgens fragte man ihn, warum er nach den Büchern verlangt habe, sein Gedächtnis daure doch nur noch wenige Minuten. »Ich füllte meine Seele«, war seine Antwort.

Es gibt viele Arten zu lesen, und man muß zwischen Lesen und Lesen scheiden: Lesen, um zu lernen, Lesen, um in etwas einzudringen, Lesen, um den Geist in Bewegung zu bringen, Lesen als Gespräch, Lesen als Kunst. Alle lassen sich in drei Arten zusammenfassen: Lesen zur Orientierung, Lesen als Übung und schöpferisches Lesen. Dazu ist in neuerer Zeit noch eine sehr verbreitete Art gekommen: Lesen aus Gewohnheit. Und diese Gewohnheit kann, wie das Rauchen, zur Süchtigkeit anwachsen. Der so Geplagte muß in jedem unbeschäftigten Augenblick, wo er auch immer sein mag, lesen.

JULIUS IST DA! SEINE BÜCHER

Adalbert Stifter, Julius. Erzählung (Adam Kraft)
Mireille d'Allencé, »Nein!« sagt Julius (Moritz)
Schlehdorn, Regierungsrat Julius (Kohlhammer)
Milena Milani, Ein Mädchen namens Julius (Stahlberg)
Ross Martin Madsen, Hokus Pokus Julius (Postreitery)
Jon Scieszka / Lane Smith, Kwatsch (Julius P.) (Carlsen)
Angelica Rissmann, Julius und der verlorene Wunschzettel (Coppenrath)
Angelica Rissmann, Julius und die Sterneninsel (Coppenrath)
Isolde Steigelmann (Hrsg.): Julius das Zwergnilpferd erzählt Kindergeschichten (Hänssler)
Bryce Echenique, Eine Welt für Julius (Suhrkamp)
Ursula Wölfel, Julius. Die vielen frechen Streiche des Ziegenbocks Julius in Ober- und Unterwurmbach (Ravensburger)
Patrick Besson, Julius und Isaac (Rowohlt)
Bertolt Brecht, Die Geschäfte des Herrn Julius Caesar (Rowohlt)
Elisabeth Zöller, Gruß und Kuß – Dein Julius (Loewe)
Horst Klaus Berg / Ulrike Weber, Benjamin & Julius (Calver)
Gisela Prugel, Der blaue Julius (Oetinger)
Angelika Wiesen, Mit Julius on tour. Nordsee. Dein Kinderreiseführer und Tagebuch in einem (Bastei)

GUTENBERG-BIBEL

Das erste mit beweglichen Lettern gedruckte Buch, von dem noch 48 Exemplare erhalten sind. Sie befinden sich in den Bibliotheken von 14 Ländern.

RECLAM-TITEL – EINMAL ANDERS

Seit 1867 lesen die Menschen Reclam-Hefte, darunter unzählige Schüler. Wer hat nicht einmal in einer langweiligen Deutschstunde einen Titel kreativ verbessert? Wir haben uns umgesehen.

Charles Baudelaire, Der Busen des Bösen (Die Blumen des Bösen)
Joseph von Eichendorff, Warnung und Gegenquark (Ahnung und Gegenwart)
Theodor Fontane, Effi Biest (Effi Briest)
Gottfried Keller, Das Schwänzlein der Aufrechten (Das Fähnlein der sieben Aufrechten)
Heinrich von Kleist, Die Markise von Oma (Die Marquise von O.)
Friedrich Maximilian Klinger, Wurm und Tank (Sturm und Drang)
Rainer Maria Silke (Rainer Maria Rilke)
Peter Rühmkorf, Selbstregnend und selbstschleimend (Selbstredend und selbstreimend)
Adalbert Stifter, Bergschwall (Bergkristall)
Theodor Storm, Der Pimmelreiter (Der Schimmelreiter)
Kurt Tuch (Tucholsky), Scheiß Grips (Schloß Gripsholm)
Reineke Wichs (Reineke Fuchs)

»Lesen Sie! Immerzu nur lesen,
das Verständnis kommt von selbst.«
Paul Celan

10 DEUTSCHSPRACHIGE GEDICHTE, DIE MAN KENNEN SOLLTE

Walther von der Vogelweide, Ich saz ûf eime steine (ca. 1200)
Johann Wolfgang von Goethe, Prometheus (1777)
Friedrich Schiller, Die Bürgschaft (1799)
Theodor Fontane, John Maynard (1886)
Rainer Maria Rilke, Der Panther (1903)
Gottfried Benn, Kleine Aster (1912)
Günter Eich, Inventur (1947)
Paul Celan, Todesfuge (1948)
Bertolt Brecht, Radwechsel (1953)
Ernst Jandl, ottos mops (1963)

VOM AUTOR ZUM LESER

Die Verbreitung von Ideen in gebundener schriftlicher Form bedarf eines gut eingespielten Staffellaufes mit zahlreichen Stationen. Bis der Leser das Buch in Händen hält, haben etliche Beteiligte ihren Beitrag geleistet.

Autor
Idee
Schreibwerkzeug
Text
Manuskript
Post
Lektorat
Verlagsleitung
Herstellung
Setzerei
Korrektorat
Druck
Bindung
Marketing
Presse
Vertrieb
Lager
Büchersendung
Büchersammelverkehr
Buchhandlung
Wareneingang
Buchhändler
Schaufenster
Regal
Stapel
Kunde
Einkaufskorb
Kasse
Tüte
Leser
Nachttisch
Bücherregal

Beim Schreiben von Büchern ist erhöhte Vorsicht geboten. Denn es schleichen sich häufig Fehler ein. Außer Denkfehlern gibt es auch Schreib- oder Tippfehler. Die letzteren sind ziemlich einfach zu korrigieren. Man könnte zum Beispiel Buchstaben verwechslen. Oder man vergißt einen Budstaben oder ein Satzzeichen Wenn man sich vertappt oder sich eine falsche Tre nnung einschleicht, kann man das beheben. Fehlende uchstaben werden eingezeichnet, indem man den vorhergehenden oder folgenden Buchtaben zusammen mit dem fehlenden wiederholt. Überfflüssige Buchstaben oder Wörter Wörter werden durchgestrichen und mit einem Deleatur am Rand (lat. deleatur: »Es werde getilgt«) eingezeichnet. Auch fehlendeoder zu weiter Wortzwischenraum wird markiert. Das Einfügen eines fehlenden Absatzes oder das Anhängen eines fehlerhaft getrennten Absatzes ist natürlich ebenfalls möglich. Und zu guter Letzt kann man sogar Wörter umstellen innerhalb eines Satzes. So oder so.

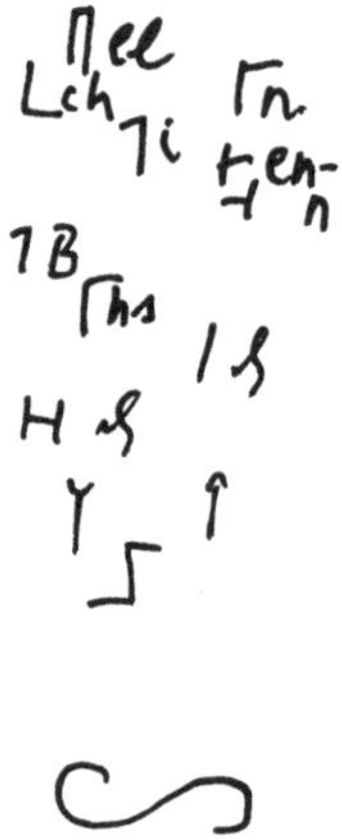

DICHTER UND RAUSCHMITTEL (1)

Bohumil Hrabal, der viele Jahre als Papierpacker in einer Altstoffsammelstelle arbeitete, schrieb in »Allzulaute Einsamkeit«: »So presse ich in einem einzigen Monat im Schnitt zwanzig Zentner Bücher, um aber Kraft zu haben für diese gottgefällige Arbeit, habe ich in den fünfunddreißig Jahren ein ganzes Fünfzigmeterbecken Bier, einen ganzen Weihnachtskarpfenteich Lagerbier trinken müssen.« Wie bei Hrabal, so ist das Entstehen von Büchern bei vielen Schriftstellern untrennbar mit Rauschmitteln verbunden. Im Folgenden eine kleine Auswahl.

Friedrich Schiller	fauliger Apfel, Wein
Jean Paul	Bier
Novalis	Opium
Robert Louis Stevenson	Alkohol
Charles Baudelaire	Opium, Haschisch, Alkohol
Arthur Canon Doyle	Kokain
Hans Fallada	Alkohol
F. Scott Fitzgerald	Alkohol
Walter Benjamin	Haschisch
John Steinbeck	Alkohol
Jack London	Alkohol
Edgar Allan Poe	Opium, Alkohol

BUCH – INTERNATIONAL

Albanisch	libér	Norwegisch	bok
Dänisch	bog	Polnisch	ksiazka
Englisch	book	Russisch	книга
Französisch	livre	Serbokroatisch	knjiga
Italienisch	libro	Spanisch	libro
Lateinisch	liber	Tschechisch	kniha
Lettisch	grámata	Türkisch	kitap
Niederländisch	boek	Ungarisch	könyv

»Dichtung = die besten Wörter
in der besten Reihenfolge.«
Samuel Coleridge

KRIMIHELDEN

Krimiheld	*Beruf*	*Ort*	*Autor*
Siggi Baumeister	Journalist	Berndorf	Jacques Berndorf
Martin Beck	Polizist	Stockholm	Sjöwall/Wahlöö
Simon Brenner	Privatdetektiv	Österreich	Wolf Haas
Guido Brunetti	Kommissar	Venedig	Donna Leon
Nestor Burma	Privatdetektiv	Paris	Leo Malet
Bruder Cadfael	Mönch	Shrewsbury	Ellis Peters
Alan Dalgliesh	Polizist/Dichter	London	P. D. James
Lindsay Gordon	Reporterin	England	Val McDermid
Harry Haristeen	Posthalterin	Crozet	Rita Mae Brown
Richard Jury	Inspector	London	Martha Grimes
Kemal Kayankaya	Privatdetektiv	Frankfurt am Main	Jakob Arjouni
Inspector Lynley	Polizist	London	Elizabeth George
Jules Maigret	Polizist	Paris	Georges Simenon
Philip Marlowe	Privatdetektiv	Los Angeles	Raymond Chandler
Miss Jane Marple	Alte Jungfer	St. Mary Mead	Agatha Christie
Salvo Montalbano	Polizist	Vigata	Andrea Camilleri
Dr. Kay Scarpetta	Gerichtsmedizinerin	Richmond	Patricia Cornwell
Van Veeteren	Polizist	Maardam	Hakan Nesser
Kurt Wallander	Polizist	Ystad	Henning Mankell
V. I. Warshawski	Privatdetektivin	Chicago	Sara Paretsky

FACHBÜCHER

Große Würfe der Weltliteratur sind den Autoren mit folgenden Werken gelungen. Seit Generationen fesseln diese handlungsstarken Texte ihre Leser.

Dubbel, Taschenbuch für den Maschinenbau. 21. Auflage (Springer)
Wöhe, Einführung in die Allgemeine Betriebswirtschaftslehre. 22. Auflage (Vahlen)
Mankiw, Grundzüge der Volkswirtschaftslehre. 3. Auflage (Schäffer Pöschel)
Holleman / Wiberg, Lehrbuch der Anorganischen Chemie. 101. Auflage (de Gruyter)
Bronstein u.a., Taschenbuch der Mathematik. 6. Auflage (Harri Deutsch)
Schönfelder, Deutsche Gesetze. Textsammlung inkl. 127. Ergänzungslieferung (C. H. Beck)
Palandt, Bürgerliches Gesetzbuch. 65. Auflage (C. H. Beck)
Pschyrembel, Klinisches Wörterbuch. 260. Auflage (de Gruyter)

»Hungriger, greif nach dem Buch:
Es ist eine Waffe!«

Bertolt Brecht

BÜCHER-ESSER (2): BERNABO VISCONTI, ITALIEN

1370 kamen zwei Abgesandte des Papstes zu Bernabo Visconti, um ihm eine versiegelte Pergamenturkunde zu übergeben, auf der seine Exkommunikation verkündet wurde. Visconti war darüber so wütend, daß er die Gesandten einsperrte und erst wieder freiließ, als sie die Urkunde gegessen hatten.

»Ein Buch ist ein Spiegel, aus dem kein Apostel
herausgucken kann, wenn ein Affe hineinblickt.«

Georg Christoph Lichtenberg

HERKUNFTSSPRACHEN DER ÜBERSETZUNGEN INS DEUTSCHE 2004

Englisch	56,8 %	Spanisch	2,2 %
Französisch	10,0 %	Russisch	2,0 %
Italienisch	3,3 %	Japanisch	1,6 %
Niederländisch	2,7 %	Dänisch	1,4 %
Schwedisch	2,6 %	Sonstige	17,4 %

»Dem Publikum neue Werte aufzudrängen, die es nicht will, ist die wichtigste und schönste Mission des Verlegers.«

Samuel Fischer

DIE BESTEN ROMANE UND NOVELLEN ÜBER DAS SCHACHSPIEL

Immer wieder ist Schach Thema der Weltliteratur, mal mehr, mal weniger geglückt. Höchste Zeit, die relevanten dieser Bücher in eine qualitative Reihenfolge zu bringen.

1. Vladimir Nabokov, Lushins Verteidigung (1930)
2. Thomas Glavinic, Carl Haffners Liebe zum Unentschieden (1988)
3. Fernando Arrabal, Hohe Türme trifft der Blitz (1983)
4. Paolo Maurensig, Die Lüneburg-Variante (1993)
5. Stefan Zweig, Schachnovelle (1942)
6. Wolfgang Camphausen, Eine kleine Schachmusik (1999)
7. Arturo Perez-Reverte, Das Geheimnis der schwarzen Dame (1990)
8. Icchokas Meras, Remis für Sekunden (1963)
9. Katherine Neville, Das Montglane-Spiel (1986)

ZAHL DER LITERATURNOBELPREISTRÄGER NACH LÄNDERN

13	Frankreich
10	USA
9	Großbritannien
8	Deutschland
6	Italien, Schweden
5	Spanien
4	Polen, Rußland
3	Norwegen, Irland
2	Dänemark, Griechenland, Japan, Südafrika
1	Ägypten, Australien, Belgien, Chile, Finnland, Guatemala, Indien, Israel, Island, Jugoslawien, Kolumbien, Mexiko, Nigeria, Österreich, Portugal, Saint Lucia, Schweiz, Tschechien, Trinidad/Tobago, Ungarn

»Bücher lesen heißt wandern gehen in ferne Welten,
aus den Stuben über die Sterne.«

Jean Paul

ROMANANFÄNGE (1)

»Aber Jakob ist immer quer über die Gleise gegangen.«
Uwe Johnson, *Mutmaßungen über Jakob*

«Ich bin der Arzt, von dem in dieser Erzählung mitunter in wenig schmeichelhaften Worten die Rede ist.«
Italo Svevo, *Zenos Gewissen*

«So schwer mir das Aufwachen fiel, so schwer fiel das Einschlafen.«
Martin Walser, *Halbzeit*

«Lange Zeit bin ich früh schlafen gegangen.«
Marcel Proust, *Auf der Suche nach der verlorenen Zeit*

«Zugegeben: ich bin Insasse einer Heil- und Pflegeanstalt, mein Pfleger beobachtet mich, läßt mich kaum aus dem Auge; denn in der Tür ist ein Guckloch, und meines Pflegers Auge ist von jenem Braun, welches mich, den Blauäugigen, nicht durchschauen kann.«
Günter Grass, *Die Blechtrommel*

BUCHPREISBINDUNG

§ 1 Das Gesetz dient dem Schutz des Kulturgutes Buch. Die Festsetzung verbindlicher Preise beim Verkauf an Letztabnehmer sichert den Erhalt eines breiten Buchangebots. Das Gesetz gewährleistet zugleich, daß dieses Angebot für eine breite Öffentlichkeit zugänglich ist, indem es die Existenz einer großen Zahl von Verkaufsstellen fördert.
[...]

§ 3 Wer gewerbs- oder geschäftsmäßig Bücher an Letztabnehmer verkauft, muß den nach § 5 festgesetzten Preis einhalten. Dies gilt nicht für den Verkauf gebrauchter Bücher.
[...]

AUTOREN, DIE SELBSTMORD BEGANGEN HABEN (1)

Wladimir Majakowski beging 1930 vermutlich wegen der unglücklichen Liebe zu Lilja Brik Selbstmord. In seinem Abschiedsbrief schrieb er: »Wie man so sagt, der Fall ist erledigt; das Boot meiner Liebe am Alltag zerschlug. Bin quitt mit dem Leben. Gebt niemandem die Schuld, daß ich sterbe, und bitte kein Gerede. Der Verstorbene hat das ganz und gar nicht gemocht.« Er war nicht der einzige Autor, der mit dem Leben nicht zurechtkam.

Autor	*Todesjahr*	*Todesart*
Seneca	65 n. Chr.	Pulsadern und Gift
Karoline von Günderrode	1806	Dolch
Heinrich von Kleist	1811	Pistole
Adalbert Stifter	1868	Rasiermesser
Georg Trakl	1914	Kokain
Jack London	1916	exzessiver Alkoholkonsum
Sergej Jessenin	1925	Erhängen
Ryûnosuke Akutagawa	1927	Schlaftabletten
Wladimir Majakowski	1930	Pistole
Ernst Toller	1939	Erhängen
Walter Benjamin	1940	Morphium
Ernst Weiß	1940	Gift, Pulsadern
Walter Hasenclever	1940	Schlaftabletten

»Bücher sind nur dickere Briefe an Freunde.«
Jean Paul

KALORIENTABELLEN, NACH GEWICHT SORTIERT

404 g	Das Kalorien-Nährwert-Lexikon (Schlütersche)
358 g	Große GU Nährwert Kalorien Tabelle (Gräfe und Unzer)
307 g	Kalorien mundgerecht. Mit Daumenregister (Neuer Umschau Verlag)
294 g	Klevers Kalorien und Nährwerte (Gräfe und Unzer)
268 g	Die große Ernährungstabelle Kalorien, Vitamine, Mineralstoffe (Bassermann)
238 g	Das neue Kalorien-ABC (Orac)
200 g	Kalorientabellen (Südwest)
187 g	Kalorien, Nährstoffe, Vitamine bewusst essen und genießen (Compact)
154 g	Kalorien-Ampel (Droemer Knaur)
105 g	Klevers Kompass Kalorien und Fette (Gräfe und Unzer)

VERLAGSREIHEN

Bibliothek des Eigentums	3 Bände	Springer, Heidelberg
Die Bibliothek des Nordens	9 Bände	Hoffmann und Campe, Hamburg
Türkische Bibliothek	20 Bände	Unionsverlag, Zürich
Die DDR-Bibliothek	25 Bände	Faber und Faber, Leipzig
Österreichische Bibliothek	26 Bände	Insel, Leipzig
Edition Koreanische Moderne	30 Bände	Pendragon, Bielefeld
Tschechische Bibliothek	33 Bände	Deutsche Verlagsanstalt, München
Polnische Bibliothek	50 Bände	Suhrkamp, Frankfurt
Die andere Bibliothek	249 Bände	Eichborn, Frankfurt

WAHNSINNIGE HELDEN IN DER LITERATUR

Autor	*Titel*	*Held*
Hartmann von Aue	Iwein	Iwein
Sebastian Brant	Das Narrenschiff	diverse
Miguel de Cervantes	Don Quijote	Don Quijote
William Shakespeare	Macbeth	Macbeth
E. T. A. Hoffmann	Die Elixiere des Teufels	Medardus
E. T. A. Hoffmann	Das Fräulein von Scuderi	René Cardillac
Georg Büchner	Lenz	Lenz
Mary Shelley	Frankenstein	Dr. Frankenstein
Fjodor M. Dostojewski	Der Doppelgänger	Goljadkin
H. G. Wells	Die Insel des Dr. Moreau	Dr. Moreau
Jules Verne	20000 Meilen unter dem Meer	Kapitän Nemo
Robert L. Stevenson	Dr. Jekyll und Mr. Hyde	Dr. Jekyll
Gerhart Hauptmann	Bahnwärter Thiel	Thiel
Emile Zola	Bestie Mensch	Jacques Lantier

LESEALTER

Zur Orientierung für Eltern, Großeltern und Kinder wurde eine Systematik erfunden, um junge Leser weder zu über- noch zu unterfordern. Eine bestimmte Anzahl von Punkten auf dem Buchrücken gibt an, für welches Alter das jeweilige Buch geeignet ist.

1 Punkt . . . 6–8 Jahre •	2 Punkte . . . 8–10 Jahre • •
3 Punkte . . 10–12 Jahre • • •	4 Punkte . . . ab 12 Jahren • • • •

TOM SAWYERS STREICHE

Als Tom Sawyer mit seinen Freunden Huck Finn und Joe Harper eine Nacht auf einer Insel im Mississippi verbringt, sorgt sich Tante Polly um ihn: »›Richtig schlecht war er nie, nur übermütig. Ungehorsam und voller verrückter Ideen. Widerspenstig wie ein junges Fohlen, wissen Sie. Er wollte nie etwas Böses tun und war der gutherzigste Junge der Welt …‹ Sie begann zu weinen.«

Tom schwänzt die Schule und geht schwimmen.
Tom läßt seine Freunde den Zaun streichen.
Tom bewirft Sid mit Erdklumpen.
Tom schnitzt ein paar Kerben in den Schrank.
Tom erschwindelt sich den Bibelpreis.
Tom setzt einen Kneifkäfer in der Kirche aus.
Tom küßt Becky Thatcher.
Tom flieht um Mitternacht aus dem Haus von Tante Polly.
Tom füttert den Kater Peter mit der Arznei namens »Schmerztöter«.
Tom kapert mit Joe Harper und Huck Finn ein Floß auf dem Mississippi und spielt Pirat.

»Der Weg von Ihrem Herzen
bis zu Ihrer Tasche ist sehr weit.«

Heinrich Heine an seinen Verleger Julius Campe

BÜCHER VON FUSSBALL-TORHÜTERN

Literatur und Fußball-Torhüter verbindet mehr, als man gemeinhin vermutet. So behaupten Albert Camus, Vladimir Nabokov und Per Olov Enquist, Torhüter gewesen zu sein. Aber es geht auch andersrum: Auffallend viele Torhüter haben Bücher geschrieben.

Petar Radenković, Bin i Radi (Copress 1965)
Hans Tilkowski, Keine Angst vor scharfen Schüssen (Copress 1965)
Petar Radenković, Das Spielfeld ist mein Königreich (Franz Schneider 1966)
Sepp Maier, Mensch, Maier (Komar 1967)
Sepp Maier, Artist der Nation (Wila 1978)
Sepp Maier, Ich bin doch kein Tor (Hoffmann und Campe 1980)
Toni Schumacher, Anpfiff. Enthüllungen über den deutschen Fußball (Droemer 1987)
Uli Stein, Halbzeit. Eine Bilanz ohne Deckung (Simader 1993)
Oliver Kahn, Nummer Eins (Droemer 2004)
Hans Tilkowski, Und ewig fällt das Wembley-Tor (Werkstatt 2006)

ONE-BOOK-WONDER

Viele Schriftsteller erlangten durch ihr Gesamtwerk Berühmtheit. Andere Autoren erzielten mit einem Werk einen großen Erfolg, konnten daran aber nie wieder anknüpfen.

Margaret Mitchell, Vom Winde verweht (1937)
Antoine de Saint-Exupéry, Der kleine Prinz (1950)
Jerome D. Salinger, Der Fänger im Roggen (1951)
Aldous Huxley, Schöne neue Welt (1953)
William Golding, Herr der Fliegen (1956)
Anthony Burgess, Uhrwerk Orange (1962)
Marlen Haushofer, Die Wand (1963)
Edward Albee, Wer hat Angst vor Virginia Woolf (1963)
Douglas Hofstadter, Gödel Escher Bach (1979)
Philippe Djian, Betty Blue (1985)
Eva Heller, Beim nächsten Mann wird alles anders (1987)
Benoite Groult, Salz auf unserer Haut (1988)
Christoph Ransmayr, Die letzte Welt (1988)
Robert Schneider, Schlafes Bruder (1992)
David Guterson, Schnee, der auf Zedern fällt (1994)

»Lies kein Buch, das nicht ein Jahr alt ist.«
Ralph Waldo Emerson

DIE 12 DUDEN

In mittlerweile zwölf Büchern liegt das gesamte Wissen über die deutsche Sprache in umfangreichen Nachschlagewerken des Dudenverlags vor. Wenn das Konrad wüßte.

Band	*Titel*	*Auflage*	*Seiten*
1	Die deutsche Rechtschreibung	24.	1152
2	Das Stilwörterbuch	8.	979
3	Das Bildwörterbuch	6.	989
4	Die Grammatik	7.	1343
5	Fremdwörterbuch	8.	1104
6	Das Aussprachewörterbuch	6.	860
7	Das Herkunftswörterbuch	3.	960
8	Das Synonymwörterbuch	3.	1104
9	Richtiges und gutes Deutsch	5.	983
10	Das Bedeutungswörterbuch	3.	1103
11	Redewendungen	2.	955
12	Zitate und Aussprüche	2.	960

DEUTSCHSPRACHIGE LITERATURZEITSCHRIFTEN

Titel	*Erscheinungsort*	*Titel*	*Erscheinungsort*
Buchjournal	Frankfurt am Main	Akzente	München
Bücher – Das Magazin zum Lesen	Essen	Sinn und Form	Berlin
Volltext	Wien	Literatur und Kritik	Salzburg
Literaturen	Berlin	Der Literat	Berlin
Lettre International	Berlin	Federwelt	Dresden
Die Gazette	München	Bella Triste	Hildesheim
Sterz	Graz	Am Erker	Münster
Die Horen	Bremerhaven	Lose Blätter	Berlin
Das Gedicht	Weßling b. München	Text und Kritik	München
Wespennest	Wien	Horizonte	Tübingen

BETRUNKENE HELDEN

Viele Schriftsteller trinken nicht nur viel, sie schreiben auch über das Trinken. Da bleibt es nicht aus, daß es in der Weltliteratur einige ganz schön betrunkene Helden gibt:

Autor	*Titel*	*Held*
Wenedikt Jerofejew	Die Reise nach Petuschki	Wenitschka
Jörg Fauser	Rohstoff	Harry Gelb
Joseph Roth	Die Legende vom heiligen Trinker	Andreas Kartak
William Shakespeare	Sturm	Stephano und Triculo
Hans Fallada	Der Trinker	Erwin Sommer
Joachim Ringelnatz	Gedichte	Kuttel Daddeldu
Brendan Behan	Borstal Boy	Brendan
Malcolm Lowry	Unter dem Vulkan	Geoffrey Firmin
Charles Bukowski	Kaputt in Hollywood / Faktotum	Henry Chinaski
A. F. Th. van der Heijden	Die zahnlose Zeit	Meester Quispel
Georges Simenon	Intime Memoiren	Georges Simenon
Jack London	König Alkohol	John Barleycorn
Ernest Hemingway	Inseln im Strom	Thomas Hudson
Eugene O'Neill	Ein Mond für die Beladenen	Jamie
Frank Schulz	Morbus fonticuli	Bodo Morten
Eugen Egner	Aus dem Tagebuch eines Trinkers	namenloser Held

DEUTSCHSPRACHIGE GEGENWARTSAUTOREN AUF SPANISCH

Bánk, Zsuzsa	geboren 1965 in Franfurt am Main
Beyer, Marcel	geboren 1965 in Tailfingen/Württemberg
Brussig, Thomas	geboren 1965 in Berlin
Draesner, Ulrike	geboren 1962 in München
Dückers, Tanja	geboren 1968 in Berlin
Enzensberger, Hans Magnus	geboren 1929 in Kaufbeuren
Erpenbeck, Jenny	geboren 1967 in Ostberlin
Franck, Julia	geboren 1970 in Ostberlin
Genazino, Wilhelm	geboren 1943 in Mannheim
Grünbein, Durs	geboren 1962 in Dresden
Haefs, Gisbert	geboren 1950 in Wachtendonk am Niederrhein
Hein, Christoph	geboren 1944 in Heinzendorf/Schlesien
Hettche, Thomas	geboren 1964 in Treis bei Gießen
Hoppe, Felicitas	geboren 1960 in Hameln
Jirgl, Reinhard	geboren 1953 in Ostberlin
Klein, Georg	geboren 1953 in Augsburg
Köhler, Barbara	geboren 1959 in Pennig bei Amerika/Sachsen
Lange-Müller, Katja	geboren 1951 in Ostberlin
Lentz, Michael	geboren 1964 in Düren (Nordrhein-Westfalen)
Özdamar, Emine Sevgi	geboren 1946 in Malatya (Türkei)
Parei, Inka	geboren 1967 in Frankfurt am Main
Rothmann, Ralf	geboren 1953 in Schleswig
Schmitter, Elke	geboren 1961 in Krefeld
Schulze, Ingo	geboren 1962 in Dresden
Stamm, Peter	geboren 1963 in Weinfelden
Timm, Uwe	geboren 1940 in Hamburg
Weber, Anne	geboren 1964 in Offenbach

BÜCHER FÜR FUSSFETISCHISTEN

Maggie Alderson, High Heels kommen vor dem Fall
Josef Martin Bauer, So weit die Füße tragen
Caroline Cox, Nylon Angel Stiletto
Jane Graves, Chaos auf Pumps
Christian Larsen Triers, Gut zu Fuß ein Leben lang
Anne Perry, Die roten Stiefeletten
Ellery Queens, Das Geheimnis der weißen Schuhe

KINDERHELDEN

Die Titel kennt man, das meiste davon hat man gelesen. Aber wie hießen noch mal die Helden der Kindheit?

TKKG	Tarzan (Peter Carsten), Karl (Karl Vierstein), Klößchen (Willi Sauerfleisch), Gaby, Gaby Klockner, Oskar, der Cocker-Spaniel
Die drei ???	Justus Jonas, Peter Shaw, Bob Andrews
Emil und die Detektive	Emil Tischbein, Gustav mit der Hupe, Pony Hütchen, Der Professor, Der kleine Dienstag
5 Freunde	Anne, Georg (Georgina), Richard, Julius, Tim, der Hund
Die wilden Kerle	Max, Die wilden Kerle
Pu der Bär	Christopher Robin, Pu, Ferkel, Eule, I-Ah, Kaninchen, Känga, Tieger

»Wenn ein Buch und ein Kopf zusammenstoßen
und es klingt hohl, ist das allesamt das Buch?«
Georg Christoph Lichtenberg

PROMI-AUTOBIOGRAPHIEN

1970 wurde mit dem Buch »Der geschenkte Gaul« von Hildegard Knef im Molden Verlag mit großem Erfolg eine Buchgattung begründet, die bis in die heutige Zeit Einsichten in privates Leben bietet, die nicht jedermann interessieren. Im Folgenden eine Liste von Büchern, die über jeden Zweifel erhaben sind.

Hans Tilkowski, Fußballtorwart	Und ewig fällt das Wembley-Tor
Georg Preuße, Transe	Mary
Dieter Hallervorden, Spaßvogel	Wer immer schmunzelnd sich bemüht ...
Walther Leisler Kiep, Parteispender	Brücken meines Lebens
Stefan Effenberg, Tiger	Ich hab's allen gezeigt
Daniel Küblböck, Opernstar	Ich lebe meine Töne
Michaela Schaffrath, Busenstar	Ich, Gina Wild
Jürgen Möllemann, Schalke-04-Präsident	Klartext. Für Deutschland
Jürgen Fliege, Pastor	Der Menschenflüsterer
Udo Jürgens, Jungstar	Der Mann mit dem Fagott

ÜBER DAS MEER

Joseph Conrad, Die Schattenlinie (Insel Verlag 1999)
Richard Ellis, Der lebendige Ozean. Nachrichten aus der Wasserwelt (Marebuch 2006)
Rolf-Bernhard Essig, Der Rausch der Meere. Über die See, den Alkohol und noch mehr (Oesch 2005)
James Hamilton-Paterson, Seestücke. Das Meer und seine Ufer (btb 1998)
Leuw von Katzenstein, Der Schrecken der Ozeane. Die Abenteuer des Freibeuters Buckelbert Hansen, erzählt von seinem treuen Raben Friedrich (Beltz und Gelberg 2006)
Peter Matthiessen, Far Tortuga (Rotbuch 2002)
Guy de Maupassant, Auf dem Wasser (Aegis 1947)
Frank Schätzing, Der Schwarm (Kiepenheuer & Witsch 2004)
Paul Theroux, Die glücklichen Inseln Ozeaniens (dtv 1998)
Jules Verne, 20000 Meilen unter dem Meer (Fischer 2003)

»Das Paradies habe ich mir immer
als eine Art Bibliothek vorgestellt.«
Jorge Luis Borges

AUTOREN-PAARE

Günter Eich und Ilse Aichinger
Paul Auster und Siri Hustvedt
Sven Lager und Elke Naters
Ernst Jandl und Friederike Mayröcker
Jonathan Safran Foer und Nicole Krauss
Nikolaj Gumiljow und Anna Achmatowa
Dimitri Mereschkowski und Sinaida Gippius
Achim von Arnim und Bettina von Arnim (geb. Brentano)
Louis Aragon und Elsa Triolet
Jean Paul Sartre und Simone de Beauvoir
Yvan und Claire Goll
Dario Fo und Franca Rame
Ted Hughes und Sylvia Plath
Fred und Maxi Wander
Erwin und Eva Strittmatter

ORDENTLICHE AUSSCHÜSSE GEMÄSS DER SATZUNG DES DEUTSCHEN BÖRSENVEREINS DER DEUTSCHEN BUCHHÄNDLER ZU LEIPZIG BIS 1945

Rechnungsausschuß
Wahlausschuß
Verwaltungsausschuß der deutschen Buchhändlerbörse
Hauptausschuß
Ausschuß für Bibliothek
Ausschuß für das Börsenblatt
Ausschuß für Urheber- und Verlagsrecht
Festausschuß
Fachausschuß
Kreisausschuß
Auslandsausschuß
Vereinsrechtsausschuß
Ehrungsausschuß
Verlagsausschuß
Werbeausschuß
Ausschuß zur Förderung des buchhändlerischen Nachwuchses
Steuerausschuß
Ausschuß für Bibliographie

»Je mehr ich las, um so näher brachten die Bücher mir die Welt, um so heller und bedeutsamer wurde für mich das Leben.«

Maxim Gorki

DÜNNE BESTSELLER

In der Kürze liegt die Würze: Die hier aufgelisteten Bücher erfreuen sich seit etlichen Jahren einiger Beliebtheit.

12 Seiten	Die kleinen Leute von Swabedoo. Ohne Autor (Partisch und Röhling)
62 Seiten	Kristiane Allert-Wybranietz, Trotz alledem (Lucy Körner)
64 Seiten	Axel Hacke / Michael Sowa, Der weiße Neger Wumbaba (Kunstmann)
64 Seiten	Katja Reider, Rosalie + Trüffel (Sanssouci)
70 Seiten	Harry G. Frankfurt, Bullshit (Suhrkamp)
80 Seiten	Khalil Gibran, Der Prophet (Patmos)
80 Seiten	Richard Bach, Die Möwe Jonathan (Ullstein)
94 Seiten	Antoine de Saint-Exupéry, Der kleine Prinz (Karl Rauch)
99 Seiten	Patrick Süskind, Die Taube (Diogenes)
100 Seiten	Eric-Emmanuel Schmitt, Ibrahim oder die Blumen des Koran (Ammann)
119 Seiten	Erich Scheurmann, Der Papalagi (Tanner & Staehelin)

AUFKLÄRUNGSBÜCHER

Wissen fängt mit Lesen an. Manche Bücher entlasten die Menschen aber vom Reden über Dinge, die man auch nachlesen kann.

Grethe Fagerström / Gunilla Hansson: Peter, Ida und das Minimum (Ravensburger 1989)
Thaddäus Troll, Wo komm' ich eigentlich her? (Hoffmann und Campe 1974)
Jörg Müller, Ganz schön aufgeklärt (Loewe 1994)
Babette Cole, Mami hat ein Ei gelegt (Sauerländer 1993)
Per H. Knudsen, Wie Vater und Mutter ein Kind bekommen (Quelle & Meyer 1972)
Sylvia Schneider, Wo kommt unser Baby her (Arena 2000)
Uschi Flacke, Wie kommt das Baby in den Bauch (Arena 2003)
Doris Rübel, Woher die kleinen Kinder kommen (Ravensburger 2001)
Sylvia Schneider, Du kommst auch aus Mamas Bauch (cbj 2005)
Gunilla Hansson, Ein Baby für uns alle (Ravensburger 2002)

STUDIENGÄNGE RUND UMS BUCH

Neben der Lehre zum Buchhändler oder Verlagskaufmann und/oder dem Germanistikstudium kann der Einstieg in die Buchbranche mit folgenden Ausbildungen gelingen:

Buchwissenschaft	Friedrich-Alexander-Universität Erlangen-Nürnberg
Verlagsherstellung	Hochschule für Technik, Wirtschaft und Kultur, Leipzig
Bibliotheks- und Informationswissenschaft	Hochschule für Technik, Wirtschaft und Kultur, Leipzig
Buchhandel/Verlagswirtschaft	Hochschule für Technik, Wirtschaft und Kultur, Leipzig
Buchwissenschaft und Buchwirtschaft	Universität Leipzig
Buchwissenschaft	Johannes-Gutenberg-Universität Mainz
Buchwissenschaft	Ludwig-Maximilians-Universität München
Mediapublishing	Hochschule der Medien, Stuttgart
Diplom-Germanistik mit Schwerpunkt Literaturvermittlung	Otto-Friedrich-Universität Bamberg

Die allgemeine Vorstellung des Laien, wie der Verleger seinen Beruf ausübt, ist erstaunlich primitiv: man meint, er lese die Manuskripte oder lasse sie lesen (diese Manuskripte kommen anscheinend in Mengen von selbst), dann schickt er dem Drucker, was ihm oder seinen Lektoren am besten gefällt. Damit das Buch auch hübsch und anziehend ausschaut, sucht er sich einen Graphiker, der Einband und Umschlag zeichnet. Erfolg oder Mißerfolg sind Glückssache.

Die Wirklichkeit ist etwas anders, aber es ist schwer, deutlich zu machen, wie immens komplex dieser Beruf ist, wie viele Elemente zusammenkommen müssen, um dem Begriff Verleger einen wirklich legitimen und positiven Sinn zu geben, wie in diesem Beruf wieder und wieder Irrationales alles rationale Planen und Überlegen über den Haufen wirft, ein Zustand permanenter Ungewissheiten und Spannungen besteht, eine ewige Quelle von Beglückungen und Enttäuschungen.

Bevor hier aber weiter vom Verleger, seiner Berufung und seinem Beruf die Rede ist, wäre zu sagen, daß ich persönlich den Begriff des wahren Verlegers nur innerhalb gewisser Größenordnungen zu sehen vermag. Ein Unternehmen, das jährlich 100 bis 400 neue Bücher herausgibt (und deren gibt's ja zahlreiche in der Welt), mag sehr respektabel sein, kann auch gute Bücher unter den vielen haben – der Ausdruck einer individuellen Verleger-Persönlichkeit kann es natürlich nie sein. Man wird im allgemeinen feststellen – wenn's gelegentlich auch Ausnahmen gibt –, daß die Bücher der großen Autoren nicht bei den Monster-Unternehmen erschienen sind und literarisch wichtige Bewegungen von kleinen Firmen, das heißt von individuellen Verlegern getragen und entwickelt wurden.

Ein Autor vertraut sich einem Menschen an, von dem er sich verstanden fühlt, nicht dem Direktorium einer Gesellschaft, die im Französischen die sehr zutreffende Bezeichnung Société Anonyme trägt. Der Verleger ist nicht anonym, sondern synonym mit seiner Tätigkeit.

Man verlegt entweder Bücher, von denen man meint, die Leute sollen sie lesen, oder Bücher, von denen man meint, die Leute wollen sie lesen. Verleger der zweiten Kategorie, das heißt, Verleger, die dem Publikumsgeschmack dienerisch nachlaufen, zählen für uns nicht – nicht wahr?

Unentbehrlich ist, Glück zu haben: die Sterilität oder Fruchtbarkeit der gegebenen Wirkungs-Periode ist Schicksal, und in einer unschöpferischen Zeit ist der Verleger zur Ohnmacht verurteilt.

Als selbstverständliches Rüstzeug des Verlegers erscheinen mir Vorbedingungen wie etwa: ein Bildungsniveau, das über das der höheren Schulen hinausgeht, Vertrautheit mit der Weltliteratur, nicht nur der des eigenen Landes, ein selbständiges und fundiertes Urteil über geistige und dichterische Werte, verbunden mit dem Vermögen, echt und unecht, Originales und Imitatives zu unterscheiden, und Witterung und Verständnis für die wesentlichen zukunftsträchtigen Strömungen der Zeit. Unerläßlich ist auch die Fähigkeit des klaren schriftlichen Ausdrucks, nicht nur im Brief: die richtige Form ist zu finden, in der Autor und Buch der Kritik, dem Leser, dem Buchhandel vorgestellt werden; noch die paar Worte, mit denen das Werk in den Inseraten charakterisiert wird, können entscheidend sein für Sieg oder Niederlage.

Der Autor schließlich ist nicht durch gute Mahlzeiten, Cocktailparties oder hohen Vorschuß allein zu verführen. Autoren haben helle Ohren und sind nicht zu täuschen: in der ersten Minute wissen sie, ob der Verleger, mit dem sie sich besprechen und beraten wollen, mit ihrem Werk wirklich vertraut ist, nur oberflächlich hineingeschaut hat oder überhaupt nichts als den Report eines Gutachters gelesen hat.

Es kann dankenswert und wichtig sein, Werke der Vergangenheit neu herauszugeben, den Lesern bedeutende Bücher aus fremden Sprachen zu vermitteln – im Centrum der Wünsche und Hoffnungen jedes wirklichen Verlegers steht als Sinn und Ziel: die besten zeitgenössischen Autoren seines Landes und wenn möglich auch anderer Länder zu gewinnen – und zu behalten.

Die Beziehung zum Autor muß von des Verlegers Seite eine Liebesbeziehung sein, die nichts fordert, die schon im Voraus verziehen hat: die kleinen Unzuverlässigkeiten, und auch die immer mögliche große Untreue.

ERLERNTE BERUFE VON AUTOREN (1)

Alfred Andersch	Buchhändler
Gottfried Benn	Arzt
Brendan Behan	Anstreicher
Ulla Berkéwicz	Schauspielerin
Willi Bredel	Dreher
Peter O. Chotjewitz	Maler
Rolf Dieter Brinkmann	Verwaltungsangestellter
Christine Brückner	Diplom-Bibliothekarin
Günter de Bruyn	Lehrer
Elias Canetti	Chemiker
Julio Cortázar	Lehrer

SO SPRECHEN DIE BÜCHERMACHER (3)

Ausschließen	Um Zeilen von einheitlicher Breite zu erhalten, verringert oder verbreitert das Textprogramm die Wortabstände (und auch nur die – nicht die Zeichenabstände! Sonst werden die Wörter g e s p e r r t). Das ist als Blocksatz bekannt. Wird nicht ausgeschlossen, bleiben die Wortabstände also gleich groß, »flattern« die Zeilenenden, und es entsteht der sogenannte »Flattersatz«.
Pagina	Die Ziffer der Seitenzahl. Paginieren bedeutet »mit Seitenzahlen versehen, fortlaufend durchnumerieren«.
Dünndruck	Meint Dünndruckpapier und bezeichnet sehr dünne Papiere, die für umfangreiche Bücher sinnvoll sind.
Schriftgrad	Schriftgröße
Satzbreite	Länge der Zeilen
Durchschuß	Abstand zwischen den Zeilen
Punkt (Abk.: p)	Kleinste Maßeinheit in der Typographie. 1 p entspricht 0,376 mm. Soeben lesen Sie eine Schrift, die 7 p groß gesetzt ist. Das können Sie jetzt aber nicht so einfach mit dem Lineal nachmessen, da nicht ein bestimmter Buchstabe gemessen wird, sondern der Schriftkegel, der den Buchstaben samt Ober- und Unterlängen umschließt.
Cicero (Abk.: Ci)	Einheit in der Typographie – 1 Ci entspricht 12 p. Oder 4,512 mm. Wird nur noch von alten Hasen verwendet.

BUCHPRODUKTION IN DEUTSCHLAND

Titelproduktion 1994–2004, Anzahl der Neuerscheinungen (Erstauflagen und Neuauflagen)

1994	1995	1996	1997	1998	1999	2000	2001	2002	2003	2004
70643	74174	71515	77889	78042	80779	82936	85088	78896	80971	86543

SCHRIFTSTELLER IM ZEICHEN DER STERNE

Steinbock	Friedrich Dürrenmatt, Kurt Tucholsky, Simone de Beauvoir, Annette von Droste-Hülshoff, Jack London
Wassermann	Thomas Bernhard, Virginia Woolf, Anton Tschechow, James Joyce, Georg Trakl, Bertolt Brecht
Fische	Gabriel Garcia Marquez, Hubert Fichte, Joseph von Eichendorff, Michail Bulgakow, Heinrich Mann, Siegfried Lenz
Widder	Milan Kundera, Émile Zola, Christoph Hein, Charles Baudelaire, Sándor Márai, Samuel Beckett
Stier	Gottfried Benn, Yasushi Inoue, Thomas Pynchon, Ralf Rothmann, Arthur Schnitzler, Max Frisch
Zwillinge	Thomas Mann, Alexander Puschkin, Saul Bellow, Djuna Barnes, Peter O. Chotjewitz
Krebs	Hermann Hesse, Franz Kafka, Jean Cocteau, Lion Feuchtwanger, Marcel Proust, Pablo Neruda, Wole Soyinka
Löwe	Knut Hamsun, Guy de Maupassant, Joachim Ringelnatz, Alfred Döblin, Enid Blyton, Matthias Claudius, Charles Bukowski
Jungfrau	Joseph Roth, Eduard Mörike, Franz Werfel, Jorge Semprun, Stanislaw Lem, Theodor Storm, Karl Philipp Moritz, Johann Wolfgang von Goethe
Waage	Graham Greene, Durs Grünbein, Italo Calvino, Günter Grass, Georg Büchner
Skorpion	Robert Musil, Albert Camus, Peter Weiss, Margaret Mitchell, Imre Kertész, Friedrich Schiller, Fjodor M. Dostojewski
Schütze	Joseph Conrad, Rainer Maria Rilke, Peter Handke, Gustave Flaubert, Heinrich Heine, Robert Gernhardt

UNVOLLENDETE ROMANE (1)

Die folgenden Autoren haben die allermeisten ihrer Bücher vollendet. Doch manchmal kommt etwas dazwischen.

Karl Philipp Moritz, Anton Reiser (1790, Tod des Autors)
Novalis, Heinrich von Ofterdingen (1801, Tod des Autors)
Jane Austen, Sanditon (1817, Tod der Autorin)
Achim von Arnim, Die Kronenwächter. Bertholds erstes und zweites Leben (1817, aufgegebenes Werk)
E. T. A. Hoffmann, Lebensansichten des Katers Murr (1822, Tod des Autors)
Jean Paul, Der Komet (1822, Depression wegen Tod des Sohnes)
Gustave Flaubert, Bouvard und Pécuchet (1880, Tod des Autors)
Theodor Fontane, Mathilde Möhring (1898, Tod des Autors)

BÜCHER ÜBER KAFFEE

Stewart Lee Allen, Ein teuflisches Zeug. Auf abenteuerlicher Reise durch die Geschichte des Kaffees (Campus 2003)
Diane Mott Davidson, Kaffee mit Schuss. Ein kulinarischer Krimi (Ullstein 2005)
Tanja Dusy, Kaffee und Espresso (Gräfe und Unzer 2003)
Iris Hammelmann, Kaffee, Cappuccino & Co. Die besten Rezepte (Compact 2005)
Ulla Heise, Kaffee und Kaffeehaus. Die Geschichte des Kaffees (Insel 2002)
Reinhardt Hess, Kaffeebar (Gräfe und Unzer 2004)
Anita Heßmann-Kosaris, Kaffee – der gesunde Muntermacher (Goldmann 2006)
Yasar Karaoglu / Reinhardt Hess, Kaffee-Kult (Gräfe und Unzer 2001)
Sarah Klein, Coffee Shop. Hot and trendy! Amerikanischer Kaffeegenuss und Originalrezepte für Muffins, Bagels, Donuts and more (Südwest 2001)
Thomas Leeb / Ingo Rogalla, Kaffee Espresso und Barista. Perfekt zubereitet (Tomtom 2002)
Mark Pendergast, Kaffee. Wie eine Bohne die Welt veränderte (Edition Temmen 2001)
Karl Petzke / Sara Slavin, Espresso. Kultur und Küche (Hädecke 1995)
Henning Seehusen, Kaffee – ein Genuss (Gräfe und Unzer 2005)
Wolfram Siebeck, Die Kaffeehäuser von Wien. Eine Melange aus Mythos und Schmäh (Heyne 1996)
Jon Thorn, Kaffee. Das Handbuch für Genießer (Taschen 1999)

SCHRIFTSTELLER IM INTERNET – ANZAHL VON SUCHMASCHINEN-EINTRÄGEN

	Google	*Yahoo*
James Joyce	4870000	2960000
Franz Kafka	2910000	2440000
Thomas Mann	2800000	2230000
Johann Wolfgang von Goethe	2530000	1390000
Friedrich Schiller	2320000	2110000
Bertolt Brecht	2280000	1500000
Hermann Hesse	2240000	1230000
William Faulkner	2010000	1350000
John Irving	1930000	1020000
Marcel Proust	1460000	1030000
Günter Grass	1460000	718000
Robert Musil	905000	734000
Heinrich Mann	807000	405000

»Es gibt nichts, was ein Buch als Nährboden der Phantasie ersetzen könnte.«

Astrid Lindgren

MANAGEMENT-BÜCHER

Wenn Beten sich lohnen würde: Bücher von Blendern für Blender.

Cay von Fournier, Die zehn Gebote für ein gesundes Unternehmen. Wie Sie langfristig Erfolg schaffen (Campus 2005)

Kenneth Blanchard / Bill Hybels / Phil Hodges, Das Jesus-Prinzip. Führen mit biblischer Weisheit (Gerth Medien 2000)

Bernhard Fischer-Appelt, Die Moses-Methode. Führung zu bahnbrechendem Wandel (Murmann 2005)

Laurie B. Jones, Jesus Christus, Manager. Biblische Weisheiten für visionäres Management (Signum 1997)

Gabriele Czerwinka / Gabriele Schranz, Die Büro-Bibel. Office kompakt (Linde 2006)

Larry Burkett, Management auf biblischer Grundlage. Erfolgsstrategien aus dem Buch der Bücher (Gerth Medien 2003)

Volkmar Stangier, Spirituelles Führen und Managen. Die Energie und Kraft einer gelebten Kultur und Ethik (Expert 2006)

Das Buch ... Irgendwo im Morgengrauen der Kindheit, im ersten Lebenslicht wurde der Horizont von einem sanften Licht erhellt. Es lag ruhmbedeckt auf dem Schreibtisch des Vaters, während der Vater, still in das Buch versenkt, mit speichelbefeuchtetem Finger geduldig an der Rückenprägung rieb, bis das blinde Papier sich beschlug, trüb wurde, in seligem Vorgefühl zu phantasieren anhub und sich auf einmal in Fusseln wie Fließpapier schuppte und einen pfauenäugigen, verhexten Flor enthüllte, während der Blick ermattend in die jungfräuliche Welt göttlicher Farben und die bezaubernde Feuchtigkeit der reinsten Lazurtöne versank.

O dieses Lüftchen der Schleier! O diese Invasion von Glanz! O seliger Frühling! O Vater ...

Mitunter stand der Vater auf und ging von dem Buch fort. Dann blieb ich allein mit diesem – und ein Wind fuhr durch seine Seiten, und die Bilder erhoben sich.

Und wenn so der Wind leicht in den Bogen blätterte und dabei Farben und Figuren herauswehte, rann ein Schauder durch die Spalten des Textes und ließ zwischen den einzelnen Lettern ganze Scharen von Schwalben und Lerchen frei. So flog eine Seite nach der anderen davon und zerflatterte und sickerte sanft in die Landschaft ein, die sich an dieser Farbigkeit sättigte. Mitunter schlief sie, und der Wind blies sie leise auf wie eine hundertblättrige Rose und öffnete die Blätter, Läppchen um Läppchen, Lid um Lid, alle blind, samten und schläfrig, einen lazurblauen Augenstern auf dem Grund ihres Schoßes bedeckend, einen Pfauenkern, schreiendes Kolibrinest.

Das war vor langer Zeit. Die Mutter gab es damals noch nicht. Ich verbrachte die Tage allein mit dem Vater in unserem Zimmer, das mir damals so groß wie die Welt vorkam.

> »Literatur ist die Kunst, Außergewöhnliches an gewöhnlichen Menschen zu entdecken und darüber mit gewöhnlichen Worten Außergewöhnliches zu sagen.«
>
> *Boris Pasternak*

AUTOREN, DIE SELBSTMORD BEGANGEN HABEN (2)

Autor	*Todesjahr*	*Todesart*
Virginia Woolf	1941	Ertrinken
Marina Zwetajewa	1941	Erhängen
Stefan Zweig	1942	Schlaftabletten
Cesare Pavese	1950	Schlaftabletten
Albert Camus	1960	Autounfall
Sylvia Plath	1963	Gasherd
Kurt Tucholsky	1935	Schlaftabletten
Klaus Mann	1949	Schlaftabletten
Ernest Hemingway	1961	Gewehr
Yukio Mishima	1970	Harakiri
Paul Celan	1970	Ertrinken
Bernward Vesper	1971	Schlaftabletten
Jean Améry	1978	Schlaftabletten
Arthur Koestler	1983	Schlaftabletten
Richard Brautigan	1984	Pistole
Primo Levi	1987	Sturz ins Treppenhaus
Tristan Egolf	2005	Pistole
Hunter S. Thompson	2005	Pistole

»Wir brauchen aber Bücher, die auf uns wirken wie
ein Unglück, das uns sehr schmerzt, wie der Tod eines,
den wir lieber hatten als uns, wie wenn wir in Wälder
verstoßen würden, von allen Menschen weg,
wie ein Selbstmord, ein Buch muß die Axt sein für
das gefrorene Meer in uns.«

Franz Kafka

MITGLIEDERZAHL DES BÖRSENVEREINS DES DEUTSCHEN BUCHHANDELS (NACH 1945 IN LEIPZIG UND FRANKFURT)

108	1010	2543	4613	7899	6916	7074	6378
1825	1871	1893	1931	1960	1980	1999	2005

»DER HERR DER VERLAGE«

»Peter Otto Chotjewitz gehört zu den meistvergriffenen und wenigstgelesenen Autoren seiner Generation. Von seinem ersten Roman waren nach 17 Jahren, als das Buch endlich verramscht wurde, keine 1000 Exemplare, von seinem letzten Erzählungsband nach einem halben Jahr noch keine 250 Exemplare verkauft – gäbe es die FAZ *nicht, würden seine Veröffentlichungen nicht einmal öffentlich verrissen.«* (Frankfurter Rundschau, *11. Juni 1987)*
Manche Autoren werden in Verlagshäusern nicht recht heimisch. Trotz unablässiger Produktion gelingt es ihnen nicht, eine verlegerische Heimat zu finden.

Ulmer Brettspiele (Eremitenpresse 1965)
Hommage à Frantek (Rowohlt 1965)
Die Insel (Rowohlt 1968)
Vom Leben und Lernen (März 1969)
Roman. Ein Anpassungsmuster (Melzer 1969)
Abschied von Michalik (Eremitenpresse 1969)
Die Trauer im Auge des Ochsen (Eremitenpresse 1972)
Malavita (Kiepenheuer & Witsch 1973)
Reden ist tödlich, schweigen auch (Eremitenpresse 1974)
Die Briganten (Wagenbach 1976)
Durch Schaden wird man dumm (Claassen 1976)
Der dreißigjährige Friede (Claassen 1977)
Die Herren des Morgengrauens (Rotbuch 1978)
Saumlos (Athenäum 1979)
Die mit Tränen säen (Autorenedition 1980)
Mein Mann ist verhindert (Eremitenpresse 1985)
Der Mord in Davos (März 1986)
Tod durch Leere (Oberon 1986)
Die Rückkehr des Hausherrn (Eremitenpresse 1991)
Straßenkinder (Middelhauve 1991)
Mein Schatz unterm Dachboden (Eremitenpresse 1995)
Kannibalen (Elefantenpress 1997)
Das Wespennest (Rotbuch 1999)
Als würdet ihr leben (Rotbuch 2001)
Der Fall Hypatia (Europäische Verlagsanstalt 2002)
Machiavellis letzter Brief (Europa 2003)
Alles über Leonardo da Vinci (Europa 2004)

»Ein gutes Buch macht seinen Weg.«
Verlegerweisheit

REISEFÜHRER

Sie waren schon überall? Alles schon gesehen, erlebt, mitgemacht? Da ist es schwierig, ein unbekanntes Fleckchen für den nächsten Urlaub zu finden. Hier ein paar Tips.

Arktis und Antarktis. Geo Special (Mairdumont 2003)
Cottbus zum Verlieben. Eine Stadtführung der besonderen Art (Regia 2000)
Molwanien. Land des schadhaften Lächelns (Heyne 2005)
No shitting in the toilet. The travel guide for when You've lost it. (Bantam, New York 2002)
Öde Orte. Jürgen Roth (Reclam, Leipzig 1998)
Phaic Tân. Land des krampfhaften Lächelns (Heyne 2006)
Reisen zum Mond. Koval Reiseführer (Koval Verlag 1997)
Sahara. DuMont Richtig Reisen (Dumont Reiseverlag 2002)
Zu Fuß aus der Atomrepublik. Wackersdorf – Gorleben und zurück (Knesebeck 1988)

ROMANANFÄNGE (2)

»Stattlich und feist erschien Buck Mulligan am Treppenaustritt, ein Seifenbecken in Händen, auf dem gekreuzt ein Spiegel und ein Rasiermesser lagen.«
James Joyce, *Ulysses*

»Über dem Atlantik befand sich ein barometrisches Minimum; es wanderte ostwärts, einem über Rußland lagernden Maximum zu, und verriet noch nicht die Neigung, diesem nördlich auszuweichen.«
Robert Musil, *Der Mann ohne Eigenschaften*

»Was ist das. – Was – ist das ...«
Thomas Mann, *Buddenbrooks*

»Heute war ich nicht in der Schule.«
Imre Kertész, *Roman eines Schicksallosen*

»*Lieber müßiger Leser!* Ohne daß ich es schwöre, kannst Du mir glauben, daß ich von Herzen wünsche, dies Buch, das Kind meines Geistes, möge so schön, so herrlich und klug sein, wie man es sich nur denken kann.«
Miguel de Cervantes Saavedra, *Don Quijote*

GRÜNDUNGSJAHRE VON VERLAGEN

Hoffmann und Campe Verlag	1781
S. Fischer Verlag	1886
Insel Verlag	1899
Rowohlt Verlag	1908
Walter de Gruyter	1918
Carl Hanser Verlag	1928
Heyne Verlag	1934
Friedrich Oetinger Verlag	1946
Aufbau-Verlag	1946
Suhrkamp Verlag	1949
Eichborn Verlag	1980
Ammann Verlag	1981
Christoph Links Verlag	1989
Schöffling & Co.	1994
Tropen Verlag	1996
Blumenbar	2002
KOOKbooks	2003
Dörlemann Verlag	2003

BIBLIOTHEKEN VON ZEITUNGEN / ZEITSCHRIFTEN

Dem Vorbild der italienischen Zeitung La Repubblica *folgend, begann die* Süddeutsche Zeitung *im Frühjahr 2004 mit einer preiswerten Auswahl von Romanen. Seitdem sprießen »kanonische Bibliotheken«, herausgegeben von Zeitungen und Zeitschriften, wie Pilze aus dem Boden. Die Preise der Einzelbände sind ausschließlich verbraucherfreundlich.*

SZ-Bibliothek	März 2004	50 Romane des 20. Jh.s
Bild Bestseller-Bibliothek	Oktober 2004	25 Romane
ZEIT-Lexikon	Dezember 2004	20 Lexikonbände
Brigitte Starke Stimmen (Hörbuch)	Februar 2005	12 Hörbücher
GEOlino-Bibliothek	April 2005	20 Jugendbücher
Brigitte-Edition	August 2005	25 Bände
Bild Comic-Bibliothek	August 2005	12 Bände
FAZ Comic-Klassiker	September 2005	20 Bände
SZ Junge Bibliothek	September 2005	50 Kinder- und Jugendbücher
Frankfurter Allgemeine Bücherei	September 2005	12 Titel pro Jahr (nicht erschienen)
stern Krimi-Bibliothek	November 2005	24 Kriminalromane
ZEIT Welt- und Kulturgeschichte	November 2005	20 Bände
DAS MAGAZIN Schweizer Bibliothek	Dezember 2005	20 Bände Schweizer Autoren
SZ Kriminalbibliothek	Januar 2006	50 Kriminalromane
SPIEGEL-Edition Die Bestseller	August 2006	20 Romane/ 20 Sachbücher

SCHWIMMEN

Franziska van Almsick, Aufgetaucht (Kiepenheuer 2004)
Lucy Cousins, Mausi geht schwimmen (Sauerländer 1991)
John von Düffel, Schwimmen (dtv 2004)
Sandra Hoffmann, Schwimmen gegen blond (dtv 2004)
Lynn Hugo / Anna Tuttle Villegas, Frei schwimmen (Econ & List 2002)
Susanne Kubelka, Ophelia lernt schwimmen (Goldmann 1990)
Gisela Linder (Hrsg.), Schwimmen (insel taschenbuch 1999)
Terezia Mora, Seltsame Materie (darin die Erzählung »Der Fall Ophelia«) (Rowohlt 1999)
Flann O'Brien, Auf Schwimmen-zwei-Vögel (Kein & Aber 2002)
Marcus Pfister, Hoppel lernt schwimmen (Nord-Süd 2000)
Michael Phelps, Unter der Oberfläche (Bombus Media 2005)
Charles Sprawson, Schwimmen – eine Kulturgeschichte (mare 2001)
Friedrich Torberg, Vom Geruch des Schwimmens. Erzählung (Langen Müller 1998)

BÜCHER UND BÄUME

Aus einem Baum lassen sich durchschnittlich 11500 DIN-A4-Seiten Papier mit einem Gewicht von 75 g/m² herstellen. Ein Kubikmeter Hartholz ergibt 274,70 Bücher zu 100 Seiten.

> »Bücher haben Ehrgefühl. Wenn man sie verleiht, kommen sie nicht mehr zurück.«
>
> *Theodor Fontane*

ERLERNTE BERUFE VON AUTOREN (2)

Heimito von Doderer	Historiker
Michael Ende	Schauspieler
Péter Esterházy	Mathematiker
Max Frisch	Architekt
Walter Helmut Fritz	Lehrer
Johann Wolfgang von Goethe	Jurist
Witold Gombrowicz	Jurist
Max von der Grün	Maurer
Ernst Wilhelm Händler	Unternehmer
Ulla Hahn	Bürokauffrau
Ludwig Harig	Lehrer
Maarten 't Hart	Biologe

BUCHPRODUKTION IN DEN NIEDERLANDEN 1949–1963

Jahr	*insgesamt*	*Belletristik*	*Jugend-bücher*
1949	6722	808	621
1950	6537	838	570
1951	6531	769	571
1952	6728	817	636
1953	7045	890	707
1954	7019	833	655
1955	7353	891	807
1956	7292	911	780
1957	7284	923	831
1958	7817	926	786
1959	8588	1065	870
1960	7893	1051	869
1961	9010	1274	1077
1962	9674	1428	1143
1963	9448	1427	966
	+40,5%	*+76,6%*	*+55,5%*

EINIGE BUCHHANDLUNGEN, DIE NACH AUTOREN BENANNT WURDEN

Es gibt noch viel mehr und auch namensgleiche in anderen als den genannten Städten – eben eine gute Tradition.

Büchner-Buchhandlung, Köln
Goethe-Buchhandlung, Düsseldorf
Schiller-Buchhandlung, Bad Königshofen
Heinrich-Heine-Buchhandlung, Hamburg
Buchhandlung Thomas Mann KG, Apolda
Kleist-Buchhandlung, Berlin
Shakespeare & So, Mainz
Fontane-Buchhandlung, Neuruppin
Grimmelshausen-Buchhandlung, Oberkirch
Buchhandlung Kafka & Co., Detmold
Stormbuchladen, Husum
Tucholsky-Buchhandlung, Borna

DIN-A-FORMATE

A-Format	*mm*
A10	26 × 37
A9	37 × 52
A8	52 × 74
A7	74 × 105
A6	105 × 148
A5	148 × 210
A4	210 × 297
A3	297 × 420
A2	420 × 594
A1	594 × 841
A0	841 × 1189
2A	1189 × 1682
4A	1682 × 2378

SCHWERPUNKTTHEMEN DER FRANKFURTER BUCHMESSE

2007	Katalonien	1994	Brasilien
2006	Indien	1993	Niederlande & Flandern
2005	Korea	1992	Mexiko
2004	Arabische Welt	1991	Spanien
2003	Rußland	1990	Japan
2002	Litauen	1989	Frankreich
2001	Griechenland	1988	Italien
2000	Polen	1986	Indien
1999	Ungarn	1984	Orwell 2000
1998	Schweiz	1982	Religion
1997	Portugal	1980	Schwarzafrika
1996	Irland	1978	Kind und Buch
1995	Österreich	1976	Lateinamerika

»Man verlegt entweder Bücher, von denen man meint, die Leute sollen sie lesen, oder Bücher, von denen man meint, die Leute wollen sie lesen. Verleger der zweiten Kategorie, das heißt, Verleger, die dem Publikumszweck dienerisch nachlaufen, zählen für uns nicht – nicht wahr?«

Kurt Wolff

POLITIKER-AUTOBIOGRAPHIEN

Aratos von Sikyon (271–213 v. Chr.), Autobiographie	um 215 v. Chr.
Otto von Bismarck, Gedanken und Erinnerungen (3 Bde.)	1890/1919
Winston Churchill, Der Zweite Weltkrieg (6 Bde.)	1948/1954
Franz von Papen, Der Wahrheit eine Gasse	1952
Konrad Adenauer, Erinnerungen (4 Bde.)	1965–1968
Willy Brandt, Links und frei. Mein Weg 1930–1950	1982
Hans-Dietrich Genscher, Erinnerungen	1995
Joschka Fischer, Mein langer Lauf zu mir selbst	1999
François Mitterrand, Freiheit ist wie die Luft zum Atmen	2001
Bill Clinton, Mein Leben	2004
Helmut Kohl, Erinnerungen 1932–1980 / 1980–1990	2004/2005
Gerhard Schröder, Entscheidungen. Mein Leben in der Politik	2006

OTFRIED PREUSSLERS »KRABAT« – DIE ELF MÜLLERGESELLEN

Tonda, der Altgesell
Michal, Vetter von Merten
Merten, Vetter von Michal
Juro
Lyschko, der Schnüffler
Andrusch, der pockennarbige Spaßvogel
Hanzo, der Bulle
Petar, der Schnitzer
Staschko, der Tausendsassa
Kito, der Ernste
Kubo, der Schweigsame

DEUTSCHSPRACHIGE LITERATURPREISE

aspekte-Literaturpreis
Bettina-von-Arnim-Preis
Clemens Brentano Förderpreis für Literatur
Deutscher Buchpreis
Friedenspreis des Deutschen Buchhandels
Georg-Büchner-Preis
Goethe-Preis der Stadt Frankfurt am Main
Hamburger Förderpreis für Literatur
Ingeborg-Bachmann-Preis
Kurt-Wolff-Preis
Leipziger Buchpreis zur europäischen Verständigung
Mara-Cassens-Preis des Literaturhauses Hamburg für den ersten Roman
MDR-Literaturpreis
Open Mike
Thomas-Mann-Preis der Hansestadt Lübeck

WEITERFÜHRENDE BÜCHER ÜBER KARL MAY

Lothar Schmid / Bernhard Schmid, Mein Hengst Rih
Christian Heermann, Karl May auf sächsischen Pfaden
Michael Petzel, Karl-May-Stars
Reinhard F. Gusky / Willi Olbrich, Auf Karl Mays Fährte
Wolfgang Hermesmeier / Stefan Schmatz, Traumwelten. Bilder zum Werk Karl Mays. 2 Bde.
Hans-Henning Gerlach, Karl-May-Atlas
Hartmut Kühne / Christoph F. Lorenz, Karl May und die Musik
Michael Petzel, Karl-May-Filmbuch
Thomas Jeier, Auf Winnetous Spuren
Marie Versini, Ich war Winnetous Schwester
Karlheinz Eckardt, Mit Kara Ben Nemsi durch den Orient
Wolfgang Hermesmeier / Stefan Schmatz, Karl May-Bibliographie 1913–1945

BÜCHER-ESSER (3): DÄNEMARK

Theodor Reinking war ein dänischer Autor des 17. Jahrhunderts, als Dänemark unter schwedischer Herrschaft stand. 1644 veröffentlichte er ein Buch mit dem Titel *Dania ad exteros de perfidia Suecorum*, in dem er die Herrschaft der Schweden angriff. Zuerst sperrte man ihn einige Jahre in den Kerker, dann ließ man ihn wählen, entweder enthauptet zu werden oder sein eigenes Werk, in Brühe gekocht, aufzuessen. Theodor Reinking entschied sich für die Mahlzeit.

»Du öffnest die Bücher, und sie öffnen dich.«
Tschingis Aitmatow

ERMORDETE SCHRIFTSTELLER

Gustav Landauer	(1919)	Walter Serner	(1942)
Erich Mühsam	(1934)	Adam Kuckhoff	(1943)
Pawel Florenski	(1937)	Anne Frank	(1945)
Ossip Mandelstam	(1938)	Albrecht Haushofer	(1945)
Boris Pilnjak	(1938)	Ken Saro-Wiwa	(1995)
Isaak Babel	(1940)	Theo van Gogh	(2004)

BERÜHMTE LITERARISCHE SZENEN AM WASSER

Autor	*Wasser*	*Werk*
Ovid	Schwarzes Meer, Tomi	Tristia (ca. 10 n. Chr.)
Unbekannt	Rhein, Worms	Nibelungenlied (ca. 1200)
Friedrich Schiller	evtl. Mittelmeer, Sizilien	Der Taucher (1798)
Alexander Puschkin	Newa, St. Petersburg	Der eherne Reiter (1833)
Heinrich Heine	Alster, Hamburg	Aus den Memoiren des Herrn Schnabelewopski (1834)
Anton Tschechow	Schwarzes Meer, Jalta	Die Dame mit dem Hündchen (1897)
Thomas Mann	Lagunen, Venedig	Tod in Venedig (1912)
Thornton Wilder	Cañon de Apurimac, Peru	Die Brücke von San Luis Rey (1927)
James Joyce	Liffey, Dublin	Dubliners (1939)
Franz Werfel	Mittelmeer, Mosis/Syrien	Die vierzig Tage des Musa Dagh (1947)
Milan Kundera	Heilquelle, Karlsbad	Abschiedswalzer (1973)
Max Frisch	Atlantik, Long Island	Montauk (1975)

BÜCHER ÜBER KOMPOST UND MULCH

Hans-Jürgen Berger, Kompostieren in der Tonne. Praktische Ökologie im Garten (Pala 1996)
Jürgen Dittmann, Tiere in Kompost, Boden und morschen Bäumen (Heinrich Köster Verlag 1999)
Gerald Dunst, Kompostierung (Stocker 1991)
Günter Evers, Düngelexikon für den Gartenbau. Begriffe der Pflanzen-Ernährung und Düngung von A bis Z (Thalacker 1998)
Krafft von Heynitz, Kompost im Garten (Ulmer 2000)
Peter Himmelhuber, Selbst Pflanz- und Kompostsysteme bauen (Compact 2000)
Kurt Kretschmann / Rudolf Behm, Mulch total. Der Garten der Zukunft (Organischer Landbau Verlag 2003)
Herwig Pommeresche, Humussphäre. Humus – Ein Stoff oder ein System? (Organischer Landbau Verlag 2004)
Günter Schilling, Pflanzenernährung und Düngung (UTB 2000)
Robert Sulzberger, Kompost, Erde, Düngung. Der gesunde Gartenboden. Pflanzenernährung und Düngepraxis (BLV 2003)
Frank Teubner, Selber kompostieren (Fischer Taschenbuch 1992)

»DIE SECHS FÄLLE VON WACHTMEISTER STUDER« VON FRIEDRICH GLAUSER

1. Der Chinese
2. Matto regiert
3. Der Tee der drei alten Damen
4. Krock & Co.
5. Die Fieberkurve
6. Wachtmeister Studer

5 GRUNDKOCHBÜCHER

Sebastian Dickhaut / Sabine Sälzer (Hrsg.): Kochen! Das Gelbe von GU. 1295 Rezepte, die man wirklich braucht (Gräfe & Unzer 2004)
Dr. Oetker Grundkochbuch. Die beliebtesten Gerichte gelingsicher zubereiten (Dr. Oetker 2001)
Dr. Oetker Schulkochbuch (Dr. Oetker 1911)
Hedwig M. Stuber, Ich helf dir kochen. Das erfolgreiche Universalkochbuch mit großem Backteil (BLV 2005)
Unser Kochbuch Nr. 1. Das Kochbuch für junge Leute (Gräfe und Unzer 2003)

DIE DEUTSCHEN BESTSELLER VON 1915–1940

Eine amerikanische Untersuchung ermittelte die zehn meistverkauften deutschen Bücher des 20. Jahrhunderts, Stichtag: Ende 1940.

1.	Thomas Mann, Buddenbrooks (1901)	1305000
2.	Erich Maria Remarque, Im Westen nichts Neues (1922)	999000
3.	Waldemar Bonsels, Die Biene Maja und ihre Abenteuer (1912)	790000
4.	Walter Flex, Der Wanderer zwischen beiden Welten (1916)	682000
5.	Richard Voß, Zwei Menschen (1911)	620000
6.	Rudolf Herzog, Die Wiskottens (1905)	615000
7.	Gunther Plüschow, Die Abenteuer des Fliegers von Tsingtau (1916)	610000
8.	Hermann Löns, Der Wehrwolf (1910)	565000
9.	Margarethe Böhme, Tagebuch einer Verlorenen. Von einer Toten (1905)	563000
10.	F. v. Wilamowitz-Möllendorff, Carin Göring (1933)	550000

FRAUENROMANE VON FRAUEN

In den achtziger Jahren entstand ein Boom, der bis heute nicht dauerhaft aufzuhalten ist: »witzige« Frauenromane.

Eva Heller, Beim nächsten Mann wird alles anders (Fischer Taschenbuch)
Hera Lind, Das Superweib (Fischer Taschenbuch)
Marlene Faro, Frauen die Prosecco trinken (Reclam Leipzig)
Gaby Hauptmann, Suche impotenten Mann fürs Leben (Serie Piper)
Nicole Amrein, Biete Alibi für Seitensprung (Serie Piper)
Franziska Stalmann, Champagner und Kamillentee (Serie Piper)
Claudia Keller, Windeln, Wut und wilde Träume (Fischer Taschenbuch)
Claudia Wuttke, Lackschaden (dtv)

DIE 10 GRÖSSTEN BUCHHÄNDLER DEUTSCHLANDS

1. Thalia, Hagen
2. WeltbildPlus, München
3. Hugendubel, München
4. Schweitzer Sortiment, München
5. Mayersche Buchhandlung, Aachen
6. Karstadt, Essen
7. Kaufhof, Köln
8. Buch & Kunst, Dresden
9. Weiland, Lübeck
10. Lehmanns, Heidelberg

AUTOREN KÖRPERLICH

Stefan Finger (Strauß-Biograph)
Durs Grünbein (Lyriker)
Benjamin Lebert (Jungstar)
Gertrud Fussenegger (österreichische Schriftstellerin)
Jürgen von der Lippe (Autor von »Sie und Er«)
Jennifer Wade (Bodystyling-Päpstin)
Wilhelm Busch (Dichter)
Juli Zeh (herausragende Schriftstellerin der deutschen Gegenwartsliteratur)
Luise Haarer (Autorin des Klassikers »Kochen und Backen nach Grundrezepten«)
Timothy Zahn (Autor der »Star-Wars«-Romane)
Steve Brust (Fantasy-Autor)
Axel Hacke (Schriftsteller und Kolumnist)
Peter Handke (Dichter)

»Ein Haus ohne Bücher ist arm, auch wenn schöne Teppiche seinen Boden und kostbare Tapeten und Bilder die Wände bedecken.«
Hermann Hesse

BÜCHER, DIE DIE WELT VERÄNDERT HABEN

Platon, Der Staat (ca. 370 v. Chr.)
Thomas Morus, Utopia (1516)
Niccolò Machiavelli, Der Fürst (1532)
Michel de Montaigne, Essais (1580–88)
Denis Diderot u. a., Enzyklopädie oder geordnetes Lexikon der Künste und Gewerbe, von einer Autorengemeinschaft (1751)
Jean-Jacques Rousseau, Der Gesellschaftsvertrag (1762)
Adam Smith, Reichtum der Nationen (1776)
Immanuel Kant, Kritik der reinen Vernunft (1781)
Georg W. Friedrich Hegel, Phänomenologie des Geistes (1806/1807)
Karl Marx, Das kommunistische Manifest (1848)
Charles Darwin, Die Entstehung der Arten (1859)
Albert Einstein, Über die spezielle und allgemeine Relativitätstheorie (1916)
Sigmund Freud, Das Ich und das Es (1923)

Eier und Bücher sind Produkte der Drucklegung. Dabei ist der Druck der unumgängliche Akt der Hervorbringung bereits zur Reife gediehener Erzeugnisse. Der Druck, der die Hervorbringung eines Eies gewährleistet, ist die Kraft, die sich in sinnreichen Muskelkontraktionen, der Druck, der die Hervorbringung eines Buches gewährleistet, ist die Kraft, die sich in sinnreichen Hebelkontraktionen umsetzt. Muskel und Hebel sind die sinnreichen Instrumentarien der Drucklegung. Das Huhn beziehungsweise der Drucker müssen drücken, um zu legen. Sie müssen den Widerstand, den der gedrückte Körper, im einen Falle das Ei, im anderen das Buch, dem Muskel- beziehungsweise dem Hebelinstrumentarium entgegensetzt, notfalls mit Nachdruck überwinden. Es kommt dem Huhn und es kommt dem Drucker darauf an, den optimalen Druckpunkt zu finden, um im Akte der Drucklegung der Druckfestigkeit des Eies und des Buches zu begegnen. Ein dergestalt optimal gedrücktes Ei und ein dergestalt optimal gedrucktes Buch sind ausgesprochene Wertprodukte, und so sind auch nur ein in diesem Sinne gut gelegtes Ei und ein in diesem Sinne gut verlegtes Buch als Spitzenerzeugnis anzusehen. Diese Spitzenerzeugnisse sind im besten Falle Unikate.

Ein sorgfältig gelegtes einzelnes Ei und ein sorgfältig verlegtes einzelnes Buch stehen der Massenproduktion von Eiern und der Serienproduktion von Büchern entgegen. Es kommt nicht zu Remittenden. Während die Ausschußware häßlich und geschmacklos ist, außen und innen, ist das Spitzenerzeugnis schön von außen, und es schmeckt von innen heraus. Beide, Ei und Buch, sorgfältig hervorgebracht, sind schön und schmekken. Keine anderen Erzeugnisse sind der Kategorie des Geschmacks folgenschwerer unterworfen als das Ei und das Buch: ein häßliches und geschmackloses Ei und ein häßliches und geschmackloses Buch rufen Abscheu hervor, und es kommt zu allergetischen Scheußlichkeiten, zu Pickeln im Gesicht, zu Fußschweiß und Nesselfieber. Weiß der Himmel, wie viele laufen herum, sind gelb im Gesicht und haben Ringe unter den Augen, und man denkt, sie hätten ein verdorbenes Ei verschlungen, und dabei war es ein Buch! O ihr trügerischen Idiosynkrasien, wenn man immer nur wissen könnte, wo der Widerwille herrührt!

Huhn und Drucker sind Ästheten, o ja, obwohl sie nicht einmal die eigentlichen Schöpfer ihrer Druckerzeugnisse sind. Schöpfer des Eies und Schöpfer des Buches sind undurchsichtigere Wesen, sie haben erzeugt, was jene hervorbringen. Rührige Proteine, wie sie wandelnd schaffen, mal glühendes Feuer, mal fließendes Wasser, ein konvulsivisch proteisches Ringen, das am Ende nur den entsprechenden Druck braucht, um ans Licht des Tages zu treten.

> Es wäre gut, Bücher zu kaufen, wenn man die Zeit, sie
> zu lesen, mitkaufen könnte, aber man verwechselt meistens
> den Ankauf der Bücher mit dem Aneignen ihres Inhalts.
>
> *Arthur Schopenhauer*

ESSEN UND TRINKEN BEI ARNO SCHMIDT

Einer der Leitsprüche von Arno Schmidt lautete: »Das Verläßlichste sind Naturschönheiten; Dann Bücher; dann Braten mit Sauerkraut.« Folgende entsprechende Zitate finden sich in »Aus dem Leben eines Fauns«:

Butterbrotpapier; Mittagessen als Abendbrot: Seemannslos. Bratkartoffeln und elastische schwarz-rote Wurstscheiben; Frühstücksschnitte, Apfel; Wurst, rotes volles Fleisch, schlappe blasse Bratwürste, Speckschwarte, Alte Koteletts; »E-ssn-ist-fer-tich!«; Blaunarbiger Kohl und schlappe Zwiebelstacheln; Brotkrümel; Zentner Kartoffeln; Pudding; Kuchen; Pflaumen; goldbraune Filetscheiben, kühlen grünlichen Kartoffelsalat, halben eisigen Bierliter; Bratkartoffeln und Bauernwurst; *Wasser trinken:* ich bin sehr für Wasser! Zu Hause trink ichs literweise; wäßrige Kartoffeln; Wasser und Brot; Süßstofftabletten im Kaffee; Muschelsalat, Kardel, Schneckenhörner, Froschschenkel, Austern, faule Eier; Haifischflossen, Kokosnuß; drei Scheibchen Wurst; Kartoffelschüssel; Leberwurst; ne Flasche Bier

HERMANN HESSES »SIDDHARTHA«

Das wohl bekannteste Buch Hesses, 1922 erstmals erschienen, gilt auch als das meistgelesene Werk des 20. Jahrhunderts. Der Brahmanensohn Siddhartha verläßt seine Heimat auf der Suche nach Erkenntnis. Auf seinem langen Weg schwankt er zwischen zwei Extremen: absoluter Askese und ausschweifendem Luxusleben. Erst als er auf den Fährmann Vasudeva trifft und am Fluß lebt, erkennt Siddhartha das Geheimnis des ewigen Wandels – und erlangt Erleuchtung und Vollendung. Eine Auswahl der unzähligen Ausgaben:

1922	S. Fischer
1950	Suhrkamp, Leinenausgabe mit Goldprägung
1969	Bibliothek Suhrkamp 227
1974	suhrkamp taschenbuch 182
1977	Suhrkamp, Gesammelte Werke in Einzelausgaben
1995	suhrkamp taschenbuch 2428 (Aktionsausgabe)
1998	Suhrkamp Basisbibliothek 2
1999	suhrkamp taschenbuch 2931 (Romane des Jahrhunderts)
2000	suhrkamp taschenbuch 3144 (gebundene Sonderausgabe)
2003	suhrkamp taschenbuch 3370 (Jubiläumsausgabe)
2003	insel taschenbuch 2432 (Großdruck)
2004	Gebundene Sonderausgabe

BILDERBÜCHER, DIE JEDES KIND BESITZEN SOLLTE

Jedem ist zu wünschen, die folgenden Bücher gelesen zu haben:

Fritz Koch-Gotha / Albert Sixtus, Die Häschenschule (Hahn's Verlag)
Eric Carlé, Die kleine Raupe Nimmersatt (Gerstenberg)
Janosch, Oh, wie schön ist Panama (Beltz & Gelberg)
Leo Lionni, Frederick (Beltz & Gelberg)
Helme Heine, Freunde (Beltz & Gelberg)
Maurice Sendak, Wo die wilden Kerle wohnen (Diogenes)
Marcus Pfister, Der Regenbogenfisch (Nord-Süd)
Luis Murschetz, Der Maulwurf Grabowski (Diogenes)
Hans de Beer, Kleiner Eisbär komm bald wieder (Nord-Süd)
Sven Nordqvist, Eine Geburtstagstorte für die Katze (Oettinger)
David McGee, Elmar (Thienemann)
Ali Mitgutsch, Rundherum in meiner Stadt (Ravensburger)
Werner Holzwarth / Wolf Erlbruch, Vom kleinen Maulwurf, der wissen wollte, wer ihm auf den Kopf gemacht hat (Peter Hammer)

DER DTP-PUNKT

4 5 6 7 8 9 10 11 12 14 18 24 36 48

RADFAHREN

Roland Barthes, Die Tour de France als Epos (Brinkmann & Bose 2005)
Andreas Beune, Did Not Finish. Der Radsport und seine Opfer (Covadonga 2005)
Udo Bölts, Quäl dich, du Sau! (Covadonga 2006)
Bettina Feldweg (Hrsg.), Die besten Rad-Geschichten (Piper 2005)
Maarten 't Hart, Gott fährt Fahrrad (Arche 2000)
A. F. Th. van der Heijden, Der Widerborst (Suhrkamp 1993)
Janosch, Der kleine Tiger braucht ein Fahrrad (Beltz 2004)
Uwe Johnson, Das dritte Buch über Achim (Suhrkamp 1961)
Paul Kimmage, Raubeine rasiert. Bekenntnisse eines Domestiken (Covadonga 2003)
Tim Krabbé, Das Rennen (Reclam, Leipzig 2006)
Astrid Lindgren, Na klar, Lotta kann Rad fahren! (Oetinger 1972)
Henry Miller, Mein Fahrrad und andere Freunde (Rowohlt 1994)
Flann O'Brien, Der dritte Polizist (Kein & Aber 2005)
Ugo Riccarelli, Fausto Coppis Engel (Zsolnay 2004)
Bettina Selby, Der Jakobsweg. Mit dem Fahrrad nach Santiago de Compostela (Piper 2004)
Jean-Jacques Sempé, Das Geheimnis des Fahrradhändlers (Diogenes 1996)
Antonio Skarmeta, Der Radfahrer von San Cristóbal (1984)
Bert Wagendorp, Der Prolog (Moby Dick 2003)
Marcel Wüst, Sprinterjahre. Glanz und Schatten einer Radsportkarriere (Delius Klasing 2004)

BÜCHER-ESSER (4): DEUTSCHLAND

Ernst Toller wurde 1933 von den Nazis verhaftet, verhört und gefoltert. Toller: »Die Behandlung war grausam und unmenschlich. Man zwang mich, fast einen ganzen Band eines meiner letzten Bücher zu essen.«

KURSE UND SCHÜLERZAHLEN DER DEUTSCHEN BUCHHÄNDLERSCHULE 1946–1956

Die Deutsche Buchhändlerschule in Frankfurt-Seckbach ist das bekannteste Berufsschulinternat für Auszubildende im Buchhandel. Früher stieg die Zahl der Kursteilnehmer, heute sinkt sie bedrohlich.

Jahr	Kurse	Schüler	davon weiblich	Jahr	Kurse	Schüler	davon weiblich
1946	1	40	29	1952	5	279	174
1947	3	142	87	1953	6	260	164
1948	5	199	109	1954	6	310	210
1949	5	225	115	1955	6	332	243
1950	5	264	135	1956	6	386	298
1951	4	284	160				

»Wissen Sie, daß Bücher nach Muskatnuß oder
sonst welchen fremdländischen Gewürzen riechen?
Als Junge habe ich immer daran geschnuppert,
Gott, was gab es schöne Bücher, ehe wir davon abkamen.«

Ray Bradbury, »Fahrenheit 451«

EIN BUCHHÄNDLERISCHES VORSTELLUNGSGESPRÄCH IN ROBERT WALSERS »GESCHWISTER TANNER«

Ja ja, die Branche ist im Wandel. Aber dennoch: Robert Walser beschreibt schon 1907 das Berufsbild des Buchhändlers ganz ausgezeichnet.

Eines Morgens trat ein junger, knabenhafter Mann bei einem Buchhändler ein und bat, daß man ihn dem Prinzipal vorstellen möge. Man tat, was er wünschte. Der Buchhändler, ein alter Mann von sehr ehrwürdigem Aussehen, sah den etwas schüchtern vor ihm Stehenden scharf an und forderte ihn auf, zu sprechen. »Ich will Buchhändler werden«, sagte der jugendliche Anfänger, »ich habe Sehnsucht darnach und ich weiß nicht, was mich davon abhalten könnte, mein Vorhaben ins Werk zu setzen. Unter dem Buchhandel stellte ich mir von jeher etwas Entzückendes vor und ich verstehe nicht, warum ich immernoch außerhalb dieses Lieblichen und Schönen schmachten muß. Sehen Sie, mein Herr, ich komme mir, so wie ich jetzt vor Ihnen dastehe, außerordentlich dazu geeignet vor, Bücher aus Ihrem Laden zu verkaufen, so viele, als Sie nur wünschen können zu verkaufen. Ich bin der geborene Verkäufer: galant, hurtig, höflich, schnell, kurzangebunden, raschentschlossen, rechnerisch, aufmerksam, ehrlich und doch nicht so dumm ehrlich, wie ich vielleicht aussehe. Ich kann Preise herabsetzen, wenn ich einen armen Teufel von Studenten vor mir habe, und kann Preise hochschrauben, um den reichen Leuten ein Wohlgefallen zu erweisen, von denen ich annehmen muß, daß sie manches Mal nicht wissen, was sie mit Geld anfangen sollen. Ich glaube, so jung ich noch bin, einige Menschenkenntnis zu besitzen, außerdem liebe ich die Menschen, so verschiedenartig sie auch sein mögen; ich werde also meine Kenntnis der Menschen nie in den Dienst der Übervorteilung stellen, aber auch ebensowenig daran denken, durch allzu übertriebene Rücksichtnahme auf gewisse arme Teufel Ihr wertes Geschäft zu schädigen. Mit einem Wort: meine Liebe zu den Menschen wird angenehm balancieren auf der Waage des Verkaufens mit der Geschäftsvernunft, die ebenso gewichtig ist und mir ebenso notwendig erscheint für das Leben wie eine Seele voll Liebe: Ich werde schönes Maß halten, dessen seien Sie zum voraus versichert.« –

Der Buchhändler sah den jungen Mann aufmerksam und verwundert an. Er schien im Zweifel darüber zu sein, ob sein Vis-à-vis, das so hübsch sprach, einen guten Eindruck auf ihn mache, oder nicht. Er wußte es nicht genau zu beurteilen, es verwirrte ihn einigermaßen und aus dieser Befangenheit heraus fragte er sanft: »Kann ich mich denn, mein junger Mann, geeigneten Ortes über Sie erkundigen?« Der Angeredete erwiderte: »Geeigneten Ortes? Ich weiß nicht, was Sie einen geeigneten Ort nennen! Mir würde es passend erscheinen, wenn Sie sich gar nicht erkundigen wollten. Bei wem sollte das sein, und was für einen Zweck könnte das haben? Man würde Ihnen allerlei über mich hersagen, aber genügte denn das auch, Sie meinetwegen zu beruhigen? Was wüßten Sie von mir, wenn man Ihnen zum Beispiel auch sagte, ich sei aus einer sehr guten Familie entsprossen, mein Vater sei ein achtbarer Mann, meine Brüder tüchtige, hoffnungsvolle Menschen und ich selber sei ganz brauchbar, ein bißchen flatterhaft, aber zu Hoffnungen nicht unberechtigt, ein bißchen dürfe man mir schon vertrauen, und so weiter? Sie wüßten doch nichts von mir und hätten absolut nicht die kleinste Ursache, mich nun mit mehr Ruhe in Ihr Geschäft als Verkäufer aufzunehmen. Nein, Herr, Erkundigungen taugen in der Regel keinen Pfifferling, ich rate Ihnen, wenn ich mir Ihnen, dem alten Herrn gegenüber, einen Ratschlag herausnehmen darf, entschieden davon ab, weil ich weiß, daß wenn ich geeignet und beschaffen wäre, Sie zu hintergehen und die Hoffnungen, die Sie, gestützt auf Informationen, auf mich setzen, zu täuschen, ich dies in umso größerem Maße täte, je besser besagte Erkundigungen lauten würden, die dann nur gelogen hätten, weil sie Gutes von mir sagten. Nein, verehrter Herr, wenn Sie gedenken, mich zu verwenden, so bitte ich Sie, etwas mehr Mut zu bezeigen als die meisten andern Prinzipale, mit denen ich zu tun hatte, und mich einfach auf den Eindruck hin anzustellen, den ich Ihnen hier mache. Außerdem würden einzuziehende Erkundigungen über mich nur schlecht lauten, um offen die Wahrheit zu sagen.«

»So? Warum denn? –«

»Ich bin noch überall, wo ich gewesen bin«, fuhr der junge Mensch fort, »bald weitergegangen, weil es mir nicht behagt hat, meine jungen Kräfte versauern zu lassen in der Enge und Dumpfheit von Schreibstuben, wenn es auch, nach aller Leute Meinung, die vornehmsten Schreibstuben waren, zum Beispiel gerade Bankanstalten. Gejagt hat man mich bis jetzt noch nirgends, ich bin immer aus freier Lust am Austreten ausgetreten, aus Stellungen und Ämtern heraus, die zwar Karriere und weiß der Teufel was versprachen, die mich aber getötet hätten, wenn ich darin verblieben wäre. Man hat, wo ich auch immer gewesen bin, regelmäßig meinen Austritt bedauert und mein Tun beklagt, mir eine schlimme Zukunft versprochen, aber doch den Anstand besessen, mir Glück auf meine fernere Laufbahn zu wünschen. Bei Ihnen (und des jungen Mannes Stimme wurde auf einmal treuherzig), Herr Buchhändler, werde ich es sicher jahrelang aushalten können. Jedenfalls spricht vieles dafür, Sie zu veranlassen, einmal einen Versuch mit mir zu machen.« Der Buchhändler sagte: »Ihre Offenherzigkeit gefällt mir, ich will Sie probeweise acht Tage in meinem Geschäft arbeiten lassen. Taugen Sie, und machen Sie dann Miene, weiter bei mir zu bleiben, so wollen wir weiter miteinander reden.« Mit diesen Worten, die zugleich des jungen Stellesuchers vorläufige Entlassung bedeuteten, klingelte der alte Herr an der elektrischen Leitung, worauf, wie von einem Strom herbeigeweht, ein kleiner, ältlicher, bebrillter Mann erschien.

»Geben Sie diesem jungen Herrn eine Beschäftigung!«

Die Brille nickte. Damit war nun Simon Buchhandlungshilfe geworden. Simon, ja so hieß er nämlich. –

> »Wie wenig du gelesen hast, wie wenig du kennst –
> aber vom Zufall des Gelesenen hängt es ab, was du bist.«
>
> *Elias Canetti*

EPOCHEN DER DEUTSCHEN LITERATURGESCHICHTE

Die Epochen der Schriftstellerei lassen sich nur annähernd bestimmen; im Folgenden ein ungefährer Überblick.

Mittelalter	500	–	1500
Humanismus, Reformation, Renaissance	1500	–	1600
Barock	1600	–	1720
Aufklärung	1720	–	1790
Empfindsamkeit	1740	–	1790
Sturm und Drang	1765	–	1790
Klassik	1786	–	1832
Romantik	1798	–	1835
Biedermeier	1815	–	1848
Vormärz	1825	–	1848
Realismus	1848	–	1890
Naturalismus	1880	–	1900
Impressionismus/Symbolismus	1890	–	1920
Expressionismus	1910	–	1925
Avantgarde/Dadaismus	1915	–	1925
Neue Sachlichkeit/Weimarer Republik	1919	–	1932
Exilliteratur	1933	–	1945
Innere Emigration	1933	–	1945
Nachkriegsliteratur	1945	–	1950
Literatur der DDR	1949	–	1989
Literatur der Bundesrepublik/Gegenwartsliteratur	seit 1949		

BROCKHAUS-ENZYKLOPÄDIEN

Seit der Aufklärung wird Wissen durch mehrbändige Lexika zugänglich gemacht. Der Name F. A. Brockhaus kann hierzulande geradezu als Synonym für Nachschlagewissen bezeichnet werden.

Auflage	*Erschienen*	*Bände*	*Seiten*
1.	1796–1811	6+2	3837
2.	1812–1819	10	8015
3.	1814–1819	10	8958
4.	1814–1819	10	9176
5.	1819–1820	10	9762
6.	1824	10	9673
7.	1827	12	10463
8.	1833–1837	12	10666
9.	1843–1848	15	11358
10.	1851–1855	15	12419
11.	1864–1868	15	14212
12.	1875–1879	15	15190
13.	1882–1887	16	15274
14.	1892–1895	16	17586
15.	1928–1935	20	16000
16.	1952–1957	12+2	9000
17.	1966–1974	20+4	17000
18.	1977–1981	12	8300
19.	1986–1994	24+6	22000
20.	1996–1999	24+6	17500
21.	2005–2006	24+6	24500

NAMEN IN ASTERIX-HEFTEN

Gallier aus dem Dorf .... Rohrpostix, Sagnix, Schnellwienix
Römische ranghohe Offiziere.... Firlefanzus, Nichtsalsverdrus, Volfgangamadeus
Normannen .... Dompfaf, Telegraf
Ägypter .... Schraubzieris, Tennisplatzis
Gallier .... Haudraufwienix, Nullnullsix, Veratnix
Korsen .... Austerlix, Osolemirnix
Briten .... O'Fünfuhrteefix, Seelax, Teefax
Griechen .... Kaltmamsellos, Plexiglas, Trauerklos
Legionäre .... Handzumgrus, Ladenschlus, Taubenus

»Mögen Dir, Vater Rowohlt, wenn Du einst Abschied nehmen mußt von hier, meine Werke zu den guten Werken zugerechnet werden, welche Einlaß sichern in das selige Gefilde der Verleger, wo die Auflagen unendlich sind, der Absatz ewig und die Pleite nie.«

Alfred Polgar an Ernst Rowohlt

TIERISCHE BUCHTITEL

Die Mutter aller tierischen Buchtitel ist George Orwells »Farm der Tiere«. Aber auch viele andere Autoren ließen sich nicht ins Bockshorn jagen. Im Folgenden eine kleine Auswahl:

Allgemein	George Orwell, Farm der Tiere
	John Reed, Jahrmarkt der Tiere
Pferde	Nicholas Evans, Der Pferdeflüsterer
	Theodor Storm, Der Schimmelreiter
	Martin Walser, Ein fliehendes Pferd
Hunde	Thomas Mann, Herr und Hund
	Anton Tschechow, Die Dame mit dem Hündchen
Wölfe	Tschingis Aitmatow, Die Träume der Wölfin
	Hermann Hesse, Der Steppenwolf
Vögel	Tschingis Aitmatow, Frühe Kraniche
	Andrej Belyj, Die silberne Taube
	Patrick Süskind, Die Taube
	A. F. Th. van der Heijden, Der Anwalt der Hähne
	Julian Barnes, Flauberts Papagei
	Siegfried Lenz, Es waren Habichte in der Luft
Katzen	E. T. A. Hoffmann, Lebensansichten des Katers Murr
	Bohumil Hrabal, Die Katze Autitschko
	Günter Grass, Katz und Maus
Fische	Douglas Adams, Mach's gut, und danke für den Fisch
	Günter Grass, Der Butt
Sonstige	Günter Grass, Die Rättin
	Günter Grass, Unkenrufe
	Jeremias Gotthelf, Die schwarze Spinne
	Mario Vargas Llosa, Das Fest des Ziegenbocks
	Lars Gustafsson, Der Tod eines Bienenzüchters
	A. A. Milne, Pu der Bär
	Stephen Fry, Das Nilpferd

Allgemeine Literatur

Frank Berberich, Gerd Weiberg (Hrsg.), Der Einstein-Komplex (Wunderhorn)

Frauke Hampel, Peter Hinke (Hrsg.), Mit einem Reh kommt Ilka ins Merkur (Connewitzer Verlagsbuchhandlung)

Jaroslav Hašek, Geschichte der Partei des gemäßigten Fortschritts im Rahmen des Gesetzes (Parthas)

Heinrich von Kleist, Die Marquise von O … (Leipziger Bibliophilen-Abend e.V.)

Herman Melville, Bartleby der Schreiber (Steidl und Büchergilde Gutenberg)

Haruki Murakami, Tony Takitani (DuMont)

Norbert Scheuer, Kall, Eifel (C.H. Beck)

Uwe Tellkamp, Der Eisvogel (Rowohlt Berlin)

Taschenbücher

Momme Brodersen, Walter Benjamin (Suhrkamp)

Volker C.Dörr, Friedrich Schiller (Suhrkamp)

Michael Limberg, Hermann Hesse (Suhrkamp)

Gisela Perlet, Hans Christian Andersen (Suhrkamp)

Zoran Drvenkar, Was geht wenn du bleibst (Carlsen)

Scientific American (Hrsg.), Was macht das Licht, wenn's dunkel ist? (Rowohlt)

Kinderbücher

Manfred Mai (Hrsg.), Das Literatur-Lesebuch (Ravensburger)

Arnhild Kantelhardt (Hrsg.), Von einem, der auszog, das Fürchten zu lernen (Gerstenberg)

Manuela Olten, Muss mal Pipi (Carlsen)

Christian Tielmann, Hundemüde Hunde (Thienemann)

STRASSENATLANTEN

Ohne Karten ist man verloren. Längst aber sind moderne Straßenatlanten nicht mehr nur Kartenwerke. Im Wettbewerb mit Navigationssystemen rüsten Verlage von Atlanten nach.

ADAC Mautatlas. 1:500000. In Zusammenarbeit mit TOLL COLLECT (ADAC 2005)
Der Shell Atlas 2007/2008. Mit Geld-zurück-Garantie. Mit detailliertem Farben-Leitsystem. Mit Reise-Sprachführer GB/F/I/E (ADAC 2006)
Reisemobil-Bordatlas International. Mit allen wichtigen Entsorgungs-Stationen. Mit vielen Geodaten (GeoCenter 2006)
Road Atlas USA, Canada, Mexico. Adventure Edition (National Geographic 2005)
ADAC Autoatlas. Deutschland, Europa 2007/2008. Mit Hotelanzeiger und Reiseinfos 2006 (ADAC 2005)
Straßenatlas von Lettland 1940. Nachdruck Herder-Institut 1992
Beiderseits der Autobahn. Bebilderter Atlas (Kunth Verlag 2006)

Das Werk sollte immer ein wenig schlauer sein als der Autor.
Václav Havel

DAS NIEDERLÄNDISCHE BOEKENWEEK-GESCHENK

»Buchwochengeschenk« wird ein jährlich anläßlich der »Buchwoche« erscheinendes Buch genannt. Das »Buchwochengeschenk« ist meistens eine Novelle, die extra für die Buchwoche geschrieben wird. Diese Tradition stammt aus dem Jahre 1930, seitdem wird jedem Buchkäufer ein Exemplar dieses »Buchwochengeschenks« kostenlos überreicht. Im Folgenden führen wir ein paar der offiziellen Bücher auf. Viele, aber nicht alle, wurden ins Deutsche übersetzt.

2006 Arthur Japin, Die große Welt
2004 Thomas Rosenboom, Spitzen
2000 Harry Mulisch, Das Theater, der Brief und die Wahrheit
1995 Leon de Winter, Serenade
1993 Willem Frederik Hermans, In de mist van het schimmenrijk
1992 A. F. Th. van der Heijden, Der Widerborst
1991 Cees Nooteboom, Die folgende Geschichte
1989 Hugo Claus, Der Schwertfisch
1984 Maarten 't Hart, De Ortolaan
1969 Hubert Lampo, De goden moeten hun getal hebben
1962 Anton Kohlhaas, Een schot in de locht
1948 Hella S. Haasse, Oeroeg
1930 Johan Tersteeg, De uitgever en zijn bedrief

BASTELBÜCHER, DIE IN KEINEM HAUSHALT FEHLEN DÜRFEN

Es gibt viele Möglichkeiten, seine Freizeit zu gestalten. Immer wieder bieten Verlage für Bastelliteratur hochattraktive Themen in überraschenden Zusammenhängen an.

Salzteig zur Weihnachtszeit – Modellieren, Ausstechen und Schneiden. Mit perforierten Vorlagenbogen und Einsteckhüllen. 31 Seiten (Frech)
Filigrane Fensterbilder – Rund ums Jahr. Mit 2 Vorlagebögen. 30 Seiten (Christophorus)
How to do Scoubidou. Das absolute Knüpf-Techniken-Buch. 78 Seiten (OZ)
Neues Makramee. Ideen für Wohnung und Mode. 64 Seiten (Urania)
Zimmerbrunnen & spritzige Gartendeko. 64 Seiten (Frech)
Fantasievolles Pflaster und Mosaik. Gebunden. 96 Seiten (Callwey)
Das Regentagebastelbuch – 50 Gute-Laune-Ideen für jedes Wetter. 45 Seiten (Dorling Kindersley)
Origami für kleine Hände. Kinderleichte Faltanleitungen. 77 Seiten (Christophorus)
Die schönsten Tür- und Wandgestecke. Kränze und Girlanden, Blumenschmuck für alle Jahreszeiten. 136 Seiten (Stocker)
Schutzengel für unterwegs. Kleine Schutzengel im Material-Mix. Mit Vorlagen in Originalgröße. 32 Seiten (Frech)

MORDMETHODEN IN MISS-MARPLE-ROMANEN

Mord im Pfarrhaus	1930	Erschießen
Die Tote in der Bibliothek	1942	Verbrennen, Kopfverletzung, Gift
Die Schattenhand	1943	Kopfverletzung, Gift
Ein Mord wird angekündigt	1950	Erschießen, Strangulieren
Fata Morgana	1952	Erschießen, Kopfverletzung
Das Geheimnis der Goldmine	1953	Erschießen, Kopfverletzung
16 Uhr 50 ab Paddington	1957	Strangulieren, Gift
Mord im Spiegel	1962	Erschießen, Gift
Karibische Affäre	1964	Gift
Bertrams Hotel	1965	Erschießen
Das Schicksal in Person	1971	Strangulieren, Sturz, Gift
Ruhe unsanft	1976	Strangulieren

KARTENMASSSTÄBE UND WOZU MAN SIE NUTZEN KANN

1:25 000	sehr exakte topographische Karte
1:50 000	immer noch genaue topographische Karte
1:100 000	ideal zum Radeln
1:200 000	perfekt zum Autofahren (Generalkarte)
1:300 000	gern verwendet in Autoatlanten
1:500 000	so wird ganz gern Europa dargestellt – ein paar Landstraßen fehlen dann schon
1:10 000 000	Länder werden klein, dafür aber übersichtlich
1:120 000 000	jetzt paßt die Erde auf eine Kartenseite

LITERATUR-ÜBERSETZUNGEN INS DEUTSCHE (1962)

Sprache	*insgesamt*	*Belletristik*
Englisch	28,6	30,5
Englisch (USA)	25,2	29,0
Französisch	19,8	17,3
Russisch	4,0	5,4
Holländisch	3,9	2,7
Italienisch	3,3	2,8
Lateinisch	2,4	–
Schwedisch	2,2	0,8
Spanisch	1,8	2,3
Dänisch	1,5	1,0
Griechisch	1,4	–
Polnisch	1,2	1,4
Norwegisch	0,9	1,3

KOMISCHE GERÄUSCHE IN DEM FUTURISTISCHEN GEDICHT »SO LASST MICH MEINEN SPASS HABEN« VON ALDO PALAZZESCHI (MAILAND, 1910)

Eine Nachdichtung von Paul Adler, unbedingt laut zu lesen.

1. Laralaralaralah!
2. Oh oh oh
3. Ih ih ih
4. Frum
5. Fabelah
6. Schujus, schuiusk
7. Polipolipolitsü
8. Kukukglukglukkuh!

BILLARD-BÜCHER

Heinrich Böll, Billard um halb zehn (Kiepenheuer & Witsch 1959)
Ingo Cesaro, Der Klang der Kugeln. 108 Billard-Dreizeiler von 89 AutorInnen aus 12 Ländern (Corvinus-Presse 2005)
Michael Draksal, Billard emotional. Mit mentaler Stärke zum Erfolg (Draksal 2002)
Ralph Eckert, Modernes Pool, Techniken und Training (Litho 2003)
Ralph Eckert, Progressives Pool »Technisches-, taktisches- und mentales Poolbillard« (Litho 2003)
Ralph Eckert, Pool Billard Trainingsheft PAT 1. Mit dem offiziellen Spielvermögenstest der WPA (Litho 2005)
Rolf Kalb, Billard verständlich gemacht. Pool, Karambolage, Snooker (Copress 2006)
Achim Richter, Billardspiel mit Mikrowellen: Experimente zum Quantenchaos (IKDA 2001)
Norfran Schaaf, Snooker Syndikat – Cue & Skalpell. Comedy-Roman (Engelsdorfer Verlag 2005)
Hendrik Schanze, Transmissionsuntersuchungen an chaotischen Mikrowellenbillards (Univ. Diss. Marburg 2004)
Werner H. Schönherr, Billard mit den Sternen. Neue Geschichten und Gedichte aus dem Töwerland (Alt-Juist 2002)

»Bücher sind geschriebene Fragen.«
Stefan Zweig

VERFILMUNGEN VON BÜCHERN

Es gibt zahllose erfolgreiche Filme, die auf erfolgreichen Büchern basieren. Wir stellen eine Reihe von Büchern vor, bei denen die Filme erfolgreicher waren als ihre literarischen Vorlagen.

Ken Kesey, Einer flog übers Kuckucksnest	Buch 1962	Film 1975
Nikos Kazantzakis, Alexis Sorbas	Buch 1946	Film 1965
Anthony Burgess, Uhrwerk Orange	Buch 1962	Film 1971
Philippe Djian, Betty Blue	Buch 1985	Film 1987
Margaret Mitchell, Vom Winde verweht	Buch 1936	Film 1939
William Goldman, Der Marathon-Mann	Buch 1974	Film 1976
Ray Bradbury, Fahrenheit 451	Buch 1953	Film 1966
Mario Puzo, Der Pate	Buch 1969	Film 1972
Friedrich Dürrenmatt, Das Versprechen	Buch 1958	Film 1958

SIEGFRIED LENZ' »DEUTSCHSTUNDE« INTERNATIONAL

Dänemark	Tysktime (Gyldendal)
Finnland	Saksantunti (K. J. Gummerus Osakeyhtiö Jyväskylä)
Frankreich	La leçon d'allemand (Editions Robert Laffont)
Griechenland	ΕΚΘΕΣΗ ΙΛΕΩΝ (Odysseas Editions)
Großbritannien	The German Lesson (Methuen)
Israel	חשיצוד בגדמנית (Zmora Bitan)
Italien	La lezione di tedesco (Arnoldo Mondadori Editore)
Korea	독일어 시간 (Minumsa Publishing)
Niederlande	Duits! (Uitgeverij J. M. Meulenhoff)
Norwegen	Tysktime (Aschehoug)
Polen	Lekcja niemieckiego (Czytelnik)
Portugal	A Lição de Alemão (Publicações Dom Quixote)
Schweden	Tysktimmen (Norstedt & Söners Förlag)
Spanien	Leccion de Aleman (Luis de Caralt)
Tschechien	Hodina Němčiny (Odeon)
Ungarn	Németóra (Európa Könyvkiadó)
USA	The German Lesson (New Directions Publishing)

BEGLEITROMANE ZU TV-SERIEN

Der große Erfolg der Fernsehserie »Dallas« führte zu einer neuen Buchgattung. Aus Serien entstanden Bücher, deren Verkauf von den Einschaltquoten profitierte.

Serie	*Jahr*	*Titel-Anzahl*	*bester Platz Bestsellerliste*
Dallas	1981	2	55
Denver Clan	1983	1	–
Schwarzwaldklinik	1985	2	29
Oliver Maas	1985	1	67
Diese Drombuschs	1983	1	79
Der Landarzt	1987	1	88
Das Erbe der Guldenburgs	1987	1	70
Alf	1988	3	13
Anna	1987	3	7
Twin Peaks	1991	1	31
Beverly Hills 90210	1992	8	16
Melrose Place	1993	1	91
Sea Quest DSV	1994	1	71
Dr. Quinn	1993	2	89
Akte X	1994	11	31

Teubner	1811 Gründung; 1999 teilweise Verkauf an Bertelsmann; 1999 teilweise Verkauf an K. G. Saur, München, teilweise an Gräfe und Unzer, München
Reclam	1828 Gründung; 1945 Fortführung unter staatlicher Aufsicht; 1992 Reprivatisierung, Übernahme durch Reclam Stuttgart; 2006 Verlegung nach Ditzingen
Hinstorff	1831 Gründung; 1947 Neugründung; 1959 Verkauf an das Ministerium für Kultur; 1990 Umwandlung in GmbH; 1992 Verkauf an Heinz Heise Verlag, Hannover
Rütten & Loening	1844 Gründung; 1935 Verkauf an Albert Hachfeld, Potsdam; 1951 Verkauf an Volk & Welt; 1991 Verkauf an Bernd F. Lunkewitz, Berlin
E. A. Seemann	1858 Gründung; 1992 Verkauf an Dornier; Zusammenführung mit Henschel, Edition Leipzig und Koehler & Amelang zu Seemann Henschel Verlag
Dietz Verlag	1881 Gründung des Verlags J. H. W. Dietz; 1923 Überführung in Verlag J. H. W. Dietz Nachf., Berlin; 1934 Schließung; 1947 Gründung Dietz Verlag GmbH; 1990–1994 Neugründung der Dietz Verlag Berlin GmbH
Insel	1901 Gründung; 1945 Teilung des Verlags in Ost und West; 1963 Verkauf des West-Verlags an Suhrkamp, Frankfurt am Main; 1977 Eingliederung des Ost-Verlags in die Gustav-Kiepenheuer-Gruppe; 1991 Zusammenführung von Ost- und West-Insel-Verlag, Frankfurt am Main
Gustav Kiepenheuer	1909 Gründung; 1946 Wiederaufnahme; 1977 Verkauf an Kinderbuchverlag; 1977 Zusammenschluß mit dem Insel Verlag, Leipzig; 1991 Management-Buy-out; 1993 Rückgabe; 1994 Verkauf an Bernd F. Lunkewitz
Aufbau	1945 Gründung; 1991 Verkauf an Bernd F. Lunkewitz, Berlin
Volk & Wissen	1945 Gründung; 1991 Verkauf an Cornelsen, Berlin
Mitteldeutscher	1946 Gründung; 1990 Management-Buy-out
Das Neue Berlin	1946 Gründung; 1990 Management-Buy-out; 1993 Verkauf an UVA
Volk und Welt	1947 Gründung; 1991 Verkauf an Dietrich von Boetticher, München; 2001 Verkauf an Random House; Schließung

BUCHKRAWATTEN

UNVOLLENDETE ROMANE (2)

Franz Kafka, Der Prozeß
(1915, »jämmerliches Vorwärtskriechen der Arbeit«)
Jaroslav Hašek, Die Abenteuer des braven Soldaten Schwejk
(1923, Tod des Autors)
Hans Henny Jahnn, Perrudja
(1929, »Verlust jeder Hoffnung auf eine bessere Welt«)
Robert Musil, Der Mann ohne Eigenschaften
(1933, »Geldmangel, Krankheit, politische Umstände und das Scheitern an seinen eigenen Ansprüchen«)
Thomas Mann, Die Bekenntnisse des Hochstaplers Felix Krull
(1954, Tod des Autors)
Heinrich Mann, Die traurige Geschichte von Friedrich dem Großen
(1960, Tod des Autors)
Brigitte Reimann, Franziska Linkerhand
(1973, Tod der Autorin)
Pier Paolo Pasolini, Petrolio
(1974, Ermordung des Autors)

»Ich empfand plötzlich das Bedürfnis, ein neues Buch von mir zu lesen. Also habe ich eines geschrieben.«

Marguerite Duras

PETER BICHSEL, MIR KANN NICHTS PASSIEREN

Ich würde keinen Finger rühren zur Rettung des Buches. Wenn's untergeht, geht's unter. Ich hab welche zu Hause. Die gehen nicht mit unter, die sind noch da. Ich sehe nicht ein, wieso man etwas für's Buch tun soll. Wenn man es nicht mehr braucht, braucht man es nicht mehr. Es gibt so Leute, die glauben von sich, sie seien Leser. Sagen dann, wissen Sie, ich bin Arzt. Ich hab keine Zeit zum Lesen. Ich hab noch nie von einem Alkoholiker gehört: wissen Sie, ich bin Arzt, ich habe keine Zeit zum Trinken. Ich hab noch nie von einem Raucher gehört: eigentlich rauche ich drei Schachteln am Tag, aber ich habe im Augenblick keine Zeit! Ich meine damit die Sucht. Lesen, das Aneinanderfügen von Buchstaben und das Wunder, daß aus diesen Buchstaben Bäume und Häuser und Menschen und Konflikte und Schwierigkeiten kommen, nur aus den Buchstaben, diese Faszination macht süchtig oder nicht. Und ein Süchtiger wird immer dafür sorgen, daß er zu seinem Stoff kommt. Leser sind nicht abschaffbar, die sind höchstens abschaffbar durch staatliche Maßnahmen. Könnte ja mal sein, daß der Staat die einsperrt und ihnen alle Buchstaben wegnimmt, bis sie nicht mehr können. Könnte ja sein.

Ich meine, die Auflagen der heutigen Verleger sind doch wesentlich höher als zu Zeiten Jean Pauls. Nein, es nimmt zu, das Lesen. Ich bin überzeugt. Nur ein Abstinent kann auf die Idee kommen, daß es eine Möglichkeit gibt, den Alkoholismus abzuschaffen. Ich bin nicht für Alkoholismus, ich bin sehr gegen Alkoholismus, aber ich erwähne es, weil es eine Sucht ist. Ich habe da überhaupt keine Angst. Und wie gesagt, wenn's keine Bücher mehr gibt, ich hab noch welche zu Hause, und ich kann die alle noch einmal lesen. Und ich muß sehr alt werden, bis ich die alle noch einmal gelesen habe. Mir kann nichts passieren.

MEHRWERTSTEUERSÄTZE FÜR BÜCHER IN EUROPA

Land	*MwSt.-Satz Standard (%)*	*MwSt.-Satz Bücher (%)*	*MwSt.-Reduktion für Bücher*[1]
Großbritannien	17,5	0,0	100 %
Irland	21,0	0,0	100 %
Norwegen	24,0	0,0	100 %
Polen	22,0	0,0[2]	100 %[2]
Italien	20,0	4,0	80 %
Luxemburg	15,0	3,0	80 %
Ungarn	25,0	5,0	80 %
Schweden	25,0	6,0	76 %
Griechenland	18,0	4,5	75 %
Spanien	16,0	4,0	75 %
Portugal	19,0	5,0	74 %
Tschechische Republik	19,0	5,0	74 %
Frankreich	19,6	5,5	72 %
Estland	18,0	5,0[3]	72 %
Lettland	18,0	5,0	72 %
Litauen	18,0	5,0	72 %
Malta	18,0	5,0	72 %
Belgien	21,0	6,0	71 %
Niederlande	19,0	6,0	68 %
Schweiz	7,6	2,4	68 %
Finnland	22,0	8,0	64 %
Deutschland	**16,0**	**7,0**	**63 %**
Slowenien	20,0	8,5	58 %
Österreich	20,0	10,0	50 %
Dänemark	25,0	25,0	0 %
Slowakische Republik	19,0	19,0	0 %

1) gerundet; 2) ab 2007: 7 % MwSt. auf Bücher, Reduktion dann: 73 %; 3) Schulbuch 0 %

»Bücher sind wie Vampire. Sie stehen in den Regalen und warten auf ihre Opfer, auf jemanden, der nach ihnen greift, der sich festliest, und schon beginnt ihr geisterhaftes Leben: Sie saugen dem Neugierigen auf höchst lustvolle Weise ihre Lebenszeit aus.«

Uwe Timm

排名	ISBN	书名	出版社	作者	定价	上月排名
1	720805003	达.芬奇密码	上海人民出版社	丹·布朗	28.00	3
2	753212984	余华作品-兄弟(下)	上海文艺出版社	余华	27.00	1
3	750633586	莲花	作家出版社	安妮宝贝	25.00	2
4	753212902	余华作品-兄弟(上)	上海文艺出版社	余华	16.00	4
5	753542730	狼图腾	长江文艺出版社	姜戎	32.00	5
6	702005456	骗局	人民文学出版社	丹·布朗	29.00	6
7	753543250	狼烟北平	长江文艺出版社	都梁	30.00	未入榜
8	750541506	奇幻武侠经典-诛仙(6)	朝华出版社	萧鼎	22.00	27
9	702004992	天使与魔鬼	人民文学出版社	丹·布朗	29.80	20
10	702005278	藏獒	人民文学出版社	杨志军	25.00	11
11	753913215	一座城池	二十一世纪出版社	韩寒	19.90	8
12	753913338	天使街 23 号(2)	二十一世纪出版社	郭妮	25.00	9
13	753212594	余华作品系列-活着	上海文艺出版社	余华	13.00	12
14	780187991	泡沫之夏	新世界出版社	明晓溪	20.00	10
15	753827654	耶稣裹尸布之谜	辽宁教育出版社	朱莉娅·纳瓦罗	25.00	14
16	753913337	青春校园励志小说-麻雀要革命(2)	二十一世纪出版社	郭妮	25.00	未入榜
17	753913287	天使街 23 号(1)	二十一世纪出版社	郭妮	25.00	15
18	702004814	畅销文库-数字城堡	人民文学出版社	丹·布朗	25.00	24
19	750331186	亮剑	解放军文艺	都梁	28.00	13
20	750741736	局外人 3	中国城市出版社	可爱淘	20.00	7

»Der Wert des Buches richtet sich vor allem nach bestimmten Eigenschaften. In Leder gebundene Bücher können beispielsweise beim Abziehen von Rasierklingen unbezahlbare Dienste leisten. Dünne Broschüren dagegen eignen sich vortrefflich dazu, wackelnden Tischchen das Gleichgewicht wiederzugeben. Ein Lexikon ist hervorragend geeignet, einen Einbrecher gefechtsunfähig zu machen.«

Mark Twain

ROMANANFÄNGE (3)

»Alle glücklichen Familien gleichen einander,
jede unglückliche Familie ist auf ihre eigene Weise unglücklich.«
Leo Tolstoi, *Anna Karenina*

»Das Atelier war erfüllt vom üppigen Wohlgeruch der Rosen,
und wenn sich der leichte Sommerwind in den Bäumen
des Gartens regte, wehte durch die offene Tür der schwere
Duft des Flieders und der zartere der Heckenrosen.«
Oscar Wilde, *Das Bildnis des Dorian Gray*

»Jemand mußte Josef K. verleumdet haben,
denn ohne daß er etwas Böses getan hätte,
wurde er eines Morgens verhaftet.«
Franz Kafka, *Der Prozeß*

»Sie haben mir eine Strafarbeit gegeben.«
Siegfried Lenz, *Deutschstunde*

»Ich wollte es nicht wissen, aber ich habe erfahren,
daß eines der Mädchen, als es kein Mädchen mehr war,
kurz nach der Rückkehr von der Hochzeitsreise das
Badezimmer betrat, sich vor den Spiegel stellte,
die Bluse aufknöpfte, den Büstenhalter auszog und
mit der Mündung der Pistole ihres eigenen Vaters,
der sich mit einem Teil der Familie und drei Gästen
im Eßzimmer befand, ihr Herz suchte.«
Javier Marias, *Mein Herz so weiß*

WELCHE VERLAGE GEHÖREN ZU RANDOM HOUSE?

Ansata
Bassermann
Blanvalet
Blanvalet Taschenbuch
Karl Blessing Verlag
btb Verlag
btb-TB
C. Bertelsmann
cbj
Diana
Diana Taschenbuch
Deutsche Verlags-Anstalt (DVA)
Kösel
Manesse
Gerth Medien
Goldmann
Goldmann TB
Arkana
Manhattan
Mosaik bei Goldmann
Portobello
Gütersloher Verlagshaus
Heyne
Heyne Taschenbuch
Heyne Ludwig
Integral
Albrecht Knaus
Limes
Lotos
Luchterhand Literaturverlag
Sammlung Luchterhand
Volk und Welt
Omnibus
Page & Turner
Pantheon
Pavillon
PEP
Random House Audio
Random House Entertainment
Riemann
Siedler
Südwest
Ludwig
DirectGroup Bertelsmann
Der Club Bertelsmann (D)
Donauland (A)
Bertelsmann Club (CH)

AUSLIEFERUNG

Viele Verlage lagern die Bücher nicht selbst, sondern lassen sie lagern und ausliefern, das heißt Buchpakete packen, Rechnungen schreiben und an Buchhandlungen versenden.

> »Das Buch, wenn es zugeklappt daliegt, ist ein gebundenes, schlafendes, harmloses Tierchen, welches keinem etwas zuleide tut. Wer es nicht aufweckt, den gähnt es nicht an. Wer ihm die Nase nicht gerade zwischen die Kiefern steckt, den beißt es auch nicht.«
>
> *Wilhelm Busch*

ERLERNTE BERUFE VON AUTOREN (3)

Václav Havel	Chemielaborant
Heinrich Heine	Jurist
Wolfgang Hilbig	Dreher
Wolfgang Hildesheimer	Tischler
Bohumil Hrabal	Jurist, Altpapierpacker
E. T. A. Hoffmann	Jurist
Franz Innerhofer	Schmied
Ernst Jandl	Lehrer
Franz Kafka	Versicherungsangestellter
Walter Kempowski	Lehrer
Bodo Kirchhoff	Heilpädgoge
Alexander Kluge	Jurist
Stanislaw Lem	Arzt
Friederike Mayröcker	Lehrerin

DIE 15 BESTVERKAUFTEN TITEL BEI DTV (STAND: SEPTEMBER 1981)

1.	dtv-Atlas zur Weltgeschichte (1966)	1540000
2.	Kishon, Drehn Sie sich um, Frau Lot (1964)	1050000
3.	Böll, Katharina Blum (1976)	1000000
4.	Böll, Ansichten eines Clowns (1967)	1000000
5.	Kishon, Der seekranke Walfisch (1968)	910000
6.	dtv-Atlas zur Biologie (1967)	760000
7.	Böll, Irisches Tagebuch (1961)	740000
8.	Kishon, Wie unfair, David! (1979)	720000
9.	Lorenz, Er redete mit dem Vieh (1964)	655000
10.	Döblin, Berlin Alexanderplatz (1965)	567000
11.	Waas, Es fängt damit an ... (1973)	563000
12.	Kishon, Nicht so laut vor Jericho (1973)	540000
13.	Lenz, Das Feuerschiff (1966)	540000
14.	Fromm, Haben oder Sein (1979)	530000
15.	Böll, Nicht nur zur Weihnachtszeit (1966)	520000

TAGUNGSORTE DER GRUPPE 47

1947 Bannwaldsee bei Füssen
1947 Herrlingen bei Ulm
1948 Jugenheim an der Bergstraße
1948 Altenbeuern/Hinterhör (Oberbayern)
1949 Marktbreit bei Würzburg
1949 Utting am Ammersee
1950 Inzigkofen
1951 Bad Dürkheim (Pfalz)
1951 Laufenmühle im Welzheimer Wald
1952 Niendorf (Ostsee)
1952 Burg Berlepsch bei Göttingen
1953 Kurfürstliches Schloß, Mainz
1953 Schloß Bebenhausen bei Tübingen
1954 Cap Circeo/San Felice (Italien)
1954 Burg Rothenfels
1955 Haus Rupenhorn in Berlin
1955 Schloß Bebenhausen bei Tübingen
1956 Niederpöcking am Starnberger See
1957 Niederpöcking am Starnberger See
1958 Großholzleute/Allgäu
1959 Schloß Elmau bei Mittenwald
1960 Rathaus von Aschaffenburg
1961 Jagdschloß Göhrde bei Lüneburg
1962 Wannsee, Berlin
1963 Saulgau, Württemberg
1964 Sigtuna (Schweden)
1965 Wannsee, Berlin
1966 Princeton (USA)
1967 Waischenfeld/Oberfranken

LAUFEN

Achim Achilles, Achilles' Verse. Mein Leben als Läufer (Heyne 2006)
Linda Barnes, Marathon des Todes (Rowohlt 1993)
Waldemar Cierpinski, Meilenweit bis Marathon (Sportverlag 1989)
William Goldman, Der Marathon-Mann (Heyne 1984)
Florence Griffith-Joyner, Laufen für Dummies (mitp 1999)
Günter Herburger, Lauf und Wahn (Luchterhand 1988)
Günter Herburger, Schlaf und Strecke (A1 2004)
Ernst Hinterberger, Jogging (Heyne 1996)
Siegfried Lenz, Brot und Spiele (Hoffmann und Campe 1959)
Rainer Luce, Marathon. Der Lauf. Roman des historischen Läufers von Marathon verknüpft mit Essays zur Kulturgeschichte des Laufens (Edition Wolkenstein 2001)
Alan Sillitoe, Die Einsamkeit des Langstreckenlaufens (Diogenes 1967)
Paul Tergat, Champ und Gentleman (Meyer & Meyer 2005)

ROMANANFÄNGE (4)

»Er – denn es konnte keinen Zweifel an seinem Geschlecht geben,
wenn auch die Mode der Zeit einiges tat, es zu verhüllen –
war soeben dabei, auf den Kopf eines Mohren einzusäbeln,
der vom Dachbalken baumelte.«
Virginia Woolf, *Orlando*

»Er war ein alter Mann, der allein in einem kleinen Boot
im Golfstrom fischte, und er war jetzt vierundachtzig Tage
hintereinander hinausgefahren, ohne einen Fisch zu fangen.«
Ernest Hemingway, *Der alte Mann und das Meer*

»Als die Generation geboren wurde, der ich angehöre,
fand sie die Welt ohne Stützen für Leute mit Hirn und Herz vor.«
Fernando Pessoa, *Das Buch der Unruhe*

»Diederich Heßling war ein weiches Kind,
das am liebsten träumte, sich vor allem fürchtete
und viel an den Ohren litt.«
Heinrich Mann, *Der Untertan*

»Daß meine Enkeltochter so schwierig ist, hängt vor
allem mit Carls geringer Spermiendichte zusammen.«
Irene Dische, *Großmama packt aus*

DIE 10 GRÖSSTEN BUCHHÄNDLER ÖSTERREICHS

1. Thalia, Wien
2. Morawa, Wien
3. Libro, Guntramsdorf
4. Frick, Wien
5. Tyrolia, Innsbruck
6. Leykam, Graz
7. Bücherzentrum, Wien
8. Wagnersche, Innsbruck
9. Facultas, Wien
10. Kuppitsch, Wien

GIPFELSTÜRMER

Der Erfolg von Jon Krakauers Buch »In eisige Höhen« (1997) begründete ein eigenes Genre – Bücher über »Gipfelstürmer«. Hier die wichtigsten:

Anatoli Boukreev, Der Gipfel. Tragödie am Mount Everest (Heyne 1998)
Hermann Buhl, Achttausend drüber und drunter (Nymphenburger 1954)
Kurt Diemberger, Der siebte Sinn (AS 2004)
Peter Habeler, Der einsame Sieg (Bertelsmann 1978)
Heinrich Harrer, Die weiße Spinne (Ullstein 1958)
Heidi Howkins, Herausforderung K2. Eine Frau auf dem Weg zum Gipfel (National Geographic 2003)
Hans Kammerlander, Am seidenen Faden. K2 und andere Grenzerfahrungen (Piper 2005)
Max von Kienlien, Die Überschreitung. Günther Messners Tod am Nanga Parbat. Expeditionsteilnehmer brechen ihr Schweigen (Herbig 2003)
Jon Krakauer, In eisige Höhen (Malik 1997)
Reinhold Messner, Überlebt. Alle Achttausender (BLV 1999)
Reinhold Messner, Der nackte Berg. Nanga Parbat – Bruder, Tod und Einsamkeit (Piper 2003)
Joe Simpson, Spiel der Geister. Die Sucht nach dem Berg (Schweizer Verlagshaus 1999)
Mark Twight, Steig oder stirb. Geständnisse eines Bergsüchtigen (Malik 2005)
Beck Weathers, Für tot erklärt. Meine Rückkehr vom Mount Everest (dtv 2000)

BÜCHER VON FRANZ BECKENBAUER

Dirigent im Mittelfeld (Copress 1968)
Halbzeit. Eine Zwischen-Bilanz (Strothe 1972)
WM 74 (Pamir 1974)
Einer wie ich (Bertelsmann 1975)
Franz Beckenbauers Fußballschule (Bertelsmann 1977)
Fußball-WM 78 in Argentinien (Sigloch 1978)
Franz Beckenbauer's Soccer Power (Peterson's 1978)
Fußball-WM 82 (Bertelsmann 1982)
Fußball-WM Mexiko 86 (Mosaik 1986)
Meine Gegner, meine Freunde. Stationen einer Karriere (Rasch & Röhring 1987)
Ich mach mit, ich werde fit (mit Manfred Köhnlechner) (Herbig 1988)
Ich – wie es wirklich war (Bertelsmann 1992)
Tour de Franz. Meine WM 98 (Bertelsmann 1998)

LOUIS BRAILLE

Im Alter von drei Jahren erblindete Louis Braille (1809–1852) nach einem Unfall. Ca. 1820 entwickelte er eine vereinfachte Version des »Nachtschrift«-Codes, der auch beim Militär Verwendung fand.

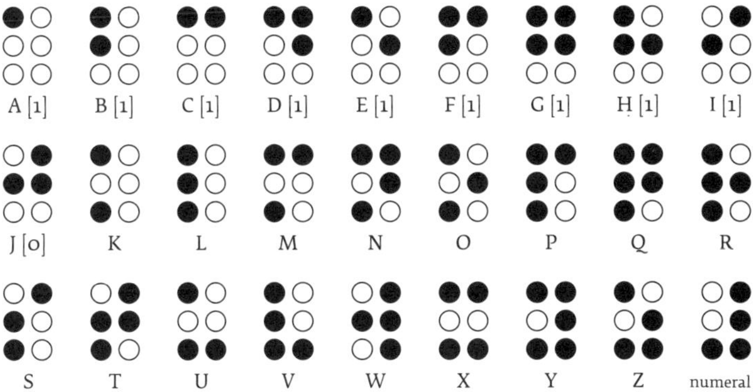

BÜCHERSTÄDTE

Die 15 Orte in Deutschland, die die meisten Bücher produzieren (2004):

1.	Berlin	10868
2.	München	8777
3.	Frankfurt am Main	4461
4.	Stuttgart	4174
5.	Köln	3089
6.	Hamburg	3031
7.	Münster	1880
8.	Wiesbaden	1461
9.	Norderstedt	1329
10.	Herzogenrath	1179
11.	Freiburg	1144
12.	Bonn	1098
13.	Göttingen	1054
14.	Düsseldorf	947
15.	Leipzig	911

ERLERNTE BERUFE VON AUTOREN (4)

Adolf Muschg	Lehrer
Sten Nadolny	Lehrer
Pier Paolo Pasolini	Lehrer
Brigitte Reimann	Lehrerin
Alain Robbe-Grillet	Diplom-Landwirt
Herbert Rosendorfer	Jurist
José Saramago	Maschinenschlosser
Arno Schmidt	Bürokaufmann
Gerold Späth	Exportkaufmann
Uwe Tellkamp	Arzt
Anton Tschechow	Arzt
Bernward Vesper	Verlagsbuchhändler
Boris Vian	Metallurgie-Ingenieur
Peter-Paul Zahl	Drucker

KURIOSER SPORT

Marion Grillparzer, Mini-Trampolin. Schlank und fit im Flug (Gräfe und Unzer 2004)

Dieter Grabbe, Ballooning. Top in Form mit dem DIDIballoon (Knaur 2005)

David Zinczenko / Ted Spiker, Sexy Sixpack. Flacher und straffer Bauch in sechs Wochen (Goldmann 2005)

Fritz Tietz, Und vorne brennt die Luft. Aus der Welt der körperlichen Ertüchtigung (Edition Tiamat 2005)

Bernd H. Litti, Dein Handicap ist nur im Kopf. Golf mental (Albrecht 2003)

»Einige Bücher soll man schmecken, andere verschlucken und einige wenige kauen und verdauen.«

Francis Bacon

EINIGE LITERATURWETTBEWERBE

Moerser Literaturpreis – Wettbewerb für niederrheinische Autoren
Schreibwettbewerb für ältere Autoren des Literaturmagazins Volksfest
Tom-Sawyer-Preis der Stadt Rees
Schreibwettbewerb der Gemeinde Stockstadt am Rhein
Ingeborg-Drewitz-Literaturpreis für Gefangene
Kartoffelkrimi-Wettbewerb
Krimiwettbewerb »Mord im Schreibseminar«
Literaturpreis 2005 der Kreissparkassen Döbeln, Freiberg und Mittweida
»Der Duft des Doppelpunktes«

ALKOHOL BEI HEMINGWAY

Wenn Ernest Hemingway ein Buch schrieb, dann aß er fast nur Sandwiches mit Erdnußbutter. Depressionen und Alkohol begleiteten ihn zeit seines Lebens. Auch in seinen Büchern ist viel von Alkohol die Rede. Zum Beispiel in »Fiesta«.

»Wie dem auch sei, wir gingen hinunter in die Bar und tranken Whiskey-Soda.«

»Statt dessen ging ich die Straße entlang und trank in der nächsten Bar ein Glas Bier. Das Bier war nicht gut, und ich trank einen noch schlechteren Cognac, um den Geschmack loszuwerden.«

»Werde nie wieder einen Schwips haben. Los, gib 'nem anständigen Kerl einen Whiskey-Soda.«

»›Fühl mich auch blendend. Wahnsinnig blendend. Bin ständig zu Fuß gelaufen. Den ganzen Tag gelaufen. Einen Drink nur am Tag, mit Mutter beim Tee.‹«

»Ich ging hinüber an den Schrank, holte die Rumflasche heraus und goß ein halbes Glas voll in den Krug.«

»Bevor der Kellner den Sherry gebracht hatte, stieg die Rakete, die den Beginn der Fiesta ankündigte, auf dem Platz in die Höhe.«

»Doch, doch. *Arriba*. Hoch mit der Flasche.«

»›Ich bin ziemlich betrunken‹, sagte Mike. ›Ich werde ziemlich betrunken bleiben.‹ Das ist alles furchtbar komisch, aber nicht besonders erfreulich.«

»Das Bett segelte hin und her; ich setzte mich aufrecht; damit es aufhörte, sah ich die Wand an. Draußen auf dem Platz nahm die Fiesta ihren Lauf. Es war mir völlig egal.«

»Zur Gesellschaft trank ich eine Flasche Wein. Ein Château Margaux. Es war erfreulich, den Wein langsam zu trinken und ihn zu schmecken und allein zu trinken. Eine Flasche Wein war eine gute Gesellschaft.«

> »Die besten Bücher sind die, von denen jeder meint,
> er habe sie selbst schreiben können.«
>
> *Blaise Pascal*

BÜCHER FÜR MAMAS

Ideale Geschenke für Muttertag:

Mama, du bist die Beste! (Pattloch)
Hallo Mama! (Heyne)
Liebe Mama! (Coppenrath)
Für meine liebe Mama (Ars Edition)
Mama ich mag dich (Moritz)
Ich hab dich lieb, Mama (Parragon)
Du bist die beste Mama der Welt (Ars Edition)
Du bist klasse, Mama (Groh Verlag)
Mama ist die Größte! (Heyne)
Danke Mama (Rosenheimer Verlagshaus)

ROMANANFÄNGE (5)

»Mein Vater war ein Bauernsohn aus einem uralten Dorfe, welches seinen Namen von dem Alemannen erhalten hat, der zur Zeit der Landteilung seinen Spieß dort in die Erde steckte und einen Hof baute.«
Gottfried Keller, *Der grüne Heinrich*

»Wenn ihr das wirklich hören wollt, dann wollt ihr wahrscheinlich als erstes wissen, wo ich geboren bin und wie meine miese Kindheit war und was meine Eltern getan haben und so, bevor sie mich kriegten, und den ganzen David-Copperfield-Mist, aber eigentlich ist mir gar nicht danach, wenn ihr's genau wissen wollt.«
Jerome D. Salinger, *Der Fänger im Roggen*

»Vielleicht sind in unserem Land noch nie so merkwürdige Bäume gefällt worden wie die sieben Platanen auf der Schmalseite der Baracke III.«
Anna Seghers, *Das siebte Kreuz*

»So fand ich mich nach vielen Jahren auf einmal zu Hause wieder.«
Milan Kundera, *Der Scherz*

»Hier kommt nun Eduard der Bär die Treppe herunter, rumpel-di-pumpel, auf dem Hinterkopf, hinter Christopher Robin.«
A. A. Milne, *Pu der Bär*

SCHRIFTHÖHE

10 REDEN VON DEMOSTHENES

Für-Reden	Rede für die Befreiung der Rhodier Rede für die Megapoliter
Gegen-Reden	Rede gegen Aristokrates Rede gegen Timokrates Rede gegen Philippus
Über-Reden	Rede über den Frieden Rede über die Besteuerungsklassen Rede über die persische Frage Rede über die Truggesandtschaft Rede über Gesandtschaftsverrat

»Bibliotheken sind die geistigen Tankstellen der Nation.«
Helmut Schmidt

10 ERSTAUNLICHE BUCHTITEL

Heike J. Othegraven, Feng Shui im Pferdestall. Handbuch für Pferdebesitzer (Müller Rüschlikon)
Detlef Billig / Manfred Meyer, Flugzeuge der DDR (Motorbuch Verlag)
Thorsten Löw, Beißt nicht gibt's nicht. Fangerfolg garantiert (Kosmos)
Lutz Bastubbe u. a., Ferkeltaxe, Ludmilla & Trabilok. Die Deutsche Reichsbahn auf dem Weg in die Marktwirtschaft (Transpress)
Suzanne Schlosberg / Liz Neporent, Fitness für Dummies (Mitp)
Knorr Fixibilität. Das Kochbuch. Über 400 Rezepte. 10 neue Rezept-Ideen für jedes Knorr-Fix (Südwest)
Yvonne Wagner, Workout für Faule (Südwest)
Adrian Gostick / Chester Elton, Führen mit Möhren (Wiley VCH)
Das neue Caravan Lexikon. Basiswissen für Gespannfahrer (Hallwag)
Naomi Moriyama, Jung & schlank. Das Geheimnis japanischer Frauen. Mit abtrennbarem Einkaufsführer (Pendo)

BEZIEHUNGSBERATER

Diese Bücher sind nicht allzu kompliziert geschrieben, so daß man sie in einem Rutsch lesen kann, wenn man möchte. Neulinge werden an die Hand genommen und in die »Regeln« der körperlichen Liebe eingeführt.

Jan van Amstel, Sex-Knigge für Frauen. Ein Mann verrät, wie sie die perfekte Liebhaberin werden (Knaur)
Christiane Bongertz, Mach's noch einmal Schatz. Was Frauen wollen (Rowohlt)
Christian Haas, Angriffsziel Frau! Tips und Tricks zum erfolgreichen Erstkontakt. Ein taktischer Führer für Profis und solche, die noch viel lernen müssen! (Flirtkultur)
Lou Paget, Der perfekte Liebhaber. Sextechniken, die sie verrückt machen (Goldmann)
Lou Paget, Die perfekte Liebhaberin. Sextechniken, die ihn verrückt machen (Goldmann)
Lou Paget, Der Super Orgasmus. Höhepunkte zum Abheben (Goldmann)
Michael J. Freunder, Schon wieder zu früh ...? Das 3-Stufen-Programm zur Beseitigung von vorzeitigem Samenerguß (Integrative Weiterbildung)
Flic Everett, Der Sex-Guide für freche Frauen (mvg)
Mike Kleist, Geheimwissen männlicher Multi-Orgasmus (Heller)
Rachel Swift, Ich komme, wann ich will! Wege zum weiblichen Orgasmus (Piper)

»Dort wo man Bücher verbrennt,
verbrennt man am Ende auch Menschen.«
Heinrich Heine

INTERNATIONALE TITELPRODUKTION 2003 (AUSWAHL)

Großbritannien	130000	Argentinien	14091
Spanien	72048	Thailand	10153
Deutschland	61538	Irland	8253
Frankreich	55302	Bulgarien	5511
Brasilien	35590	Finnland	3893
Südkorea	35371	Estland	3727
Belgien	15640	Chile	3420

11 FUSSBALL-BÜCHER, DIE KEINER BRAUCHT

Fußball-Witz: »Sie holen jetzt schon zum drittenmal eine Eintrittskarte?!« – »Was bleibt mir übrig? Der Ordner zerreißt sie mir jedesmal.« Genauso überflüssig sind viele der zu vielen Fußball-Bücher, die zur WM in Deutschland erschienen sind.

Das große Buch der Fußballwitze. Lachen bis der Schiri pfeift (Knaur)
Ralf Zacherl / Arne Friedrich, Foodball. Kochen wie die Weltmeister (Südwest)
Constanze Kleis, Wie Fußball uns den Mann erklärt (Krüger)
Carla Kupfer / Christina Weiner, Die perfekte Fußballbraut. So meistern Sie mit Ihrem Liebsten die Fußball-WM und die Zeit danach (Mosaik)
Helene Ludwig u.a., Das Fußball-Bastelbuch. Witziges und Nützliches für den Fan. Mit Topp-Torwand und Kunstrasen (Frech)
Rainer Moritz, Abseits. Das letzte Geheimnis des Fußballs (Kunstmann)
Günter Eisenhuber (Hrsg.), Sprechen Sie Fußball. Die schönsten Sprachfouls (Residenz)
Weltatlas rund um den Fußball (Westermann)
Goleo VI reist um die Welt. Das offizielle Maskottchen-Malbuch zur FIFA WM Deutschland 2006 (Medienfabrik Gütersloh)
Gaby Papenburg, Die Spielmacherin (Aufbau)
Chris van Uffelen, 2:0 0:6. Die Stadien (Braun)

TITELSTATISTIK DER ROWOHLT-TB-REIHEN 1975

Reihe	*Gründung*	*ersch. Titel*	*Gesamtauflage*
rororo allgemein	1950	1339	104852618
rororo deutsche enzykl.	1955	263	10450099
rowohlt klassiker	1957	198	5088147
rowohlts monographien	1958	219	7979209
rororo aktuell	1961	163	5227699
rororo thriller	1961	348	8193236
rororo kochbuch	1965	17	600000
rororo handbuch	1966	154	6118000
rororo sachbuch	1967	224	10506601
rororo sexologie	1968	31	810000
rororo tele	1969	52	1445000
LIFE Bildsachbuch	1969	47	1704384
rororo rotfuchs	1972	86	2050549
rororo studium	1972	68	884112

SO SPRECHEN DIE BÜCHERMACHER (4)

Buchschnitt	Die oben, unten und seitlich sichtbaren Schnittflächen des Buches bleiben normalerweise unbehandelt. Die Schnittflächen lassen sich mit Farbe oder Metallfolien verschönern. In diesem Fall wird dann vom Farb- oder Goldschnitt gesprochen, den Sie vielleicht schon an einer Bibel gesehen haben.
Blindprägung	Bei einer Prägung wird ein Text oder Motiv mittels eines Stempels aus Metall in die Buchdecke gedrückt, ein zwischen Werkzeug und Decke gebrachter Farbfilm färbt die Prägung. Wird die Farbe weggelassen, wird die Prägung blind ausgeführt.

BÜCHER VON FUSSBALLERN

Helmut Rahn, Mein Hobby: Toreschießen (Copress 1959)
Fritz Walter, So habe ich's gemacht (Copress 1962)
Wolfgang Overath, Ja, mein Temperament (DuMont 1970)
Berti Vogts, Aus meiner Sicht (Komar 1974)
Horst Hrubesch, Dorschangeln vom Boot und an anderen Küsten (Parey 1980)
Pierre Littbarski, Litti – meine Geschichte (Hoffmann und Campe 1994)
Andreas Brehme, Das war's, Freunde (Sportverlag 1998)
Stefan Effenberg, Ich hab's allen gezeigt (Rütten & Loening 2003)

Der Vorteil der meisten Bücher liegt darin, daß man ohne sie auskommt.

George Bernard Shaw

FRAUENROMANE VON MÄNNERN AUS DEM 19. JAHRHUNDERT

Honoré de Balzac, Die Frau von dreißig Jahren (1842)
Alexandre Dumas (d. J.), Die Kameliendame (1848)
Gustave Flaubert, Madame Bovary (1857)
Leo Tolstoi, Anna Karenina (1877)
Emile Zola, Nana (1880)
Hermann Sudermann, Frau Sorge (1887)
Theodor Fontane, Effi Briest (1895)

EINIGE AUSGEWÄHLTE TITEL AUS DEM MAX NIEMEYER VERLAG

Yongkil Cho, Grammatik und Höflichkeit im Sprachvergleich. Direktive Handlungsspiele des Bittens, Aufforderns und Anweisens im Deutschen und Koreanischen. Beitr. z. Dialogforsch. 32

Hartmann von Aue, Erec. Mit einem Abdruck der neuen Wolffenbütteler und Zwettler. Erec-Fragmente. Bearb. v. Kurt Gärtner. Altdt. Textbibl. 39

Stefan Kleiner, Geschriebener Dialekt in Bayrisch-Schwaben. Ein Vergleich indirekt erhobener dialektaler Laienschreibungen mit ihren lautschriftlichen Entsprechungen. Phonai 48

Briefe der Fruchtbringenden Gesellschaft und Beilagen: Die Zeit Fürst Ludwigs von Anhalt-Köthen 1617–1650, IV. Vierter Band: 1636–1638. Hrsg. v. Klaus Conermann unter Mitarb. v. Gabriele Ball u. Andreas Herz. Die dt. Akad. d. 17. Jahrh. Fruchtbringende Ges. Reihe I, Abt. A 4

Matthias Heinz, Textsortenprosodie. Eine korpusgestützte Studie zu textsortenspezifischen prosodischen Mustern im Italienischen mit Ausblick auf das Französische. Beih. z. Zeitschr. f. roman. Philol. 334

Von der Allgegenwart der Lexikologie. Kontrastive Lexikologie als Vorstufe zur zweisprachigen Lexikographie. Akten des internationalen Werkstattgesprächs zur kontrastiven Lexikologie 29.–31. 10. 1994 in Kopenhagen. Hans-Peder Kromann zum Gedenken. Hrsg. v. Hans-Peder Kromann u. Anne Lise Kjaer

Lexicographica. Series Maior 66

Günter Holtus / Anja Overbeck / Harald Völker, Luxemburgische Skriptastudien. Edition und Untersuchung der altfranzösischen Urkunden Gräfin Ermesindes (1226–1247) und Graf Heinrichs V. (1247–1281) von Luxemburg. Beih. z. Zeitschr. f. roman. Philol. 316

Nine Robijntje Miedema, Rompilgerführer in Spätmittelalter und Früher Neuzeit. Die »Indulgentiae ecclesiarium urbis Romae« (deutsch / niederländisch). Edition und Kommentar. Frühe Neuzeit 72

INTERNATIONALE BUCHPRODUKTION 1961

Land	*Titel*	*Land*	*Titel*
UdSSR	43822	Tschechoslowakei	9728
Großbritannien	24893	Niederlande	9010
Japan	24223	Indien	8967
BRD	21877	Polen	7224
USA	18060	Spanien	6819
Frankreich	12705	DDR	6493

DIE 10 GRÖSSTEN BUCHHÄNDLER DER SCHWEIZ

1. Orell Füssli, Zürich
2. Thalia, Basel
3. Lüthy + Stocker, Solothurn
4. Huber & Lang, Bern
5. Meissner, Aarau
6. Buchshopping, Hägendorf
7. Bider & Tanner, Basel
8. Alfred Barth, Zürich
9. Schreiber, Olten
10. Vogel, Winterthur

10 INHALTSANGABEN IN EINEM SATZ – LIEBESROMANE IM PAVILLON VERLAG

Die große Kunst, einen ganzen Roman in nur einem Satz zusammenzufassen, zeigt sich bei diesen Büchern schon auf dem Cover.

1. Sie ist eine stolze Kriegerin, doch in seinen Händen wird sie zu Wachs.
2. Sie ist eine gefährliche Diebin, ihm jedoch raubt sie nur das Herz.
3. In seinen Augen brennt das Verlangen, doch ihr Herz kann sich nicht entscheiden.
4. Er mißtraut ihr, aber die Süße ihrer Lippen bringt ihn um den Verstand.
5. Er wollte sie nur besitzen, bis ihr Liebesfeuer ihn entflammt.
6. Sie ist seine Gefangene, bis er ihr mit Haut und Haaren verfällt.
7. Er ist ihr Feind, doch das Feuer seiner Küsse läßt sie erbeben.
8. Seiner Macht kann sie widerstehen, doch sein Kuß bringt sie ins Wanken.
9. Sie ist ihm versprochen, doch ihr Verlangen gehört einem anderen.
10. Sie will ihm widerstehen – doch sein Verlangen ist stärker.

> »Vergleichbar ist das Eigenleben der Bücher mit dem, das ein unter Frauen verbreiteter und affektbesetzter Glaube den Katzen zuschreibt. Sie sind undomestizierte Haustiere. Aufgestellt als Besitz, sichtbar und disponibel, entziehen sie sich gern.«
>
> *Theodor W. Adorno*

WELTENTDECKER

»Ich bin weiter gefahren als irgendein Mensch vor mir – so weit, wie es einem Menschen nur möglich ist«, schrieb James Cook ins Logbuch der »Endeavour«. In seinem eurozentristischen Weltbild ließ er unbeachtet, daß dort schon Menschen wohnten. Im Folgenden einige Männer, die – für Europa – »neue Welten« entdeckt haben.

Pytheas von Massalia, Über den Ozean (ca. 320 v. Chr.)
Marco Polo, Das Buch von den Wundern der Welt (1298)
Christopher Kolumbus, Bordbuch (1492)
Vasco da Gama, Die Entdeckung des Seewegs nach Indien. Ein Augenzeugenbericht 1497–1499
James Cook, Entdeckungsfahrten im Pazifik. Die Logbücher der Reisen 1768–1779
Matthew Flinders, Die erste Umsegelung Australiens 1801–1803
David Livingstone, Missionsreisen und Untersuchungen in Südafrika (1857)
Hans Meyer, Zum Schneedom des Kilimandscharo (1888)
Sven Hedin, Die geographisch-wissenschaftlichen Ergebnisse meiner Reisen in Zentralasien 1894–99 (1900)
Robert Edwin Peary, Die Entdeckung des Nordpols (1910)
Roald Amundsen, Die Eroberung des Südpols (1912)
Thor Heyerdahl, Kon-Tiki. Ein Floß treibt über den Pazifik (1949)
Heinrich Harrer, Sieben Jahre in Tibet. Mein Leben am Hofe des Dalai Lama (1952)
Sir Edmund Hillary, Ich stand auf dem Everest (1959)
Juri Gagarin, Mein Flug ins All (1961)

»Gedanken sind nicht stets parat,
Man schreibt auch, wenn man keine hat.«
Wilhelm Busch

FETTFLECK

Bei Büchern ganz besonders ärgerlich; kann beseitigt werden, indem man unter den Fleck ein Papier legt, den Fleck selbst mit Talkum oder Magnesia beschichtet, Benzin oder Tetrachlorkohlenstoff aufträufelt und das Ganze nach dem Trocknen abkehrt. Bei ungenügendem Ergebnis die Prozedur wiederholen.

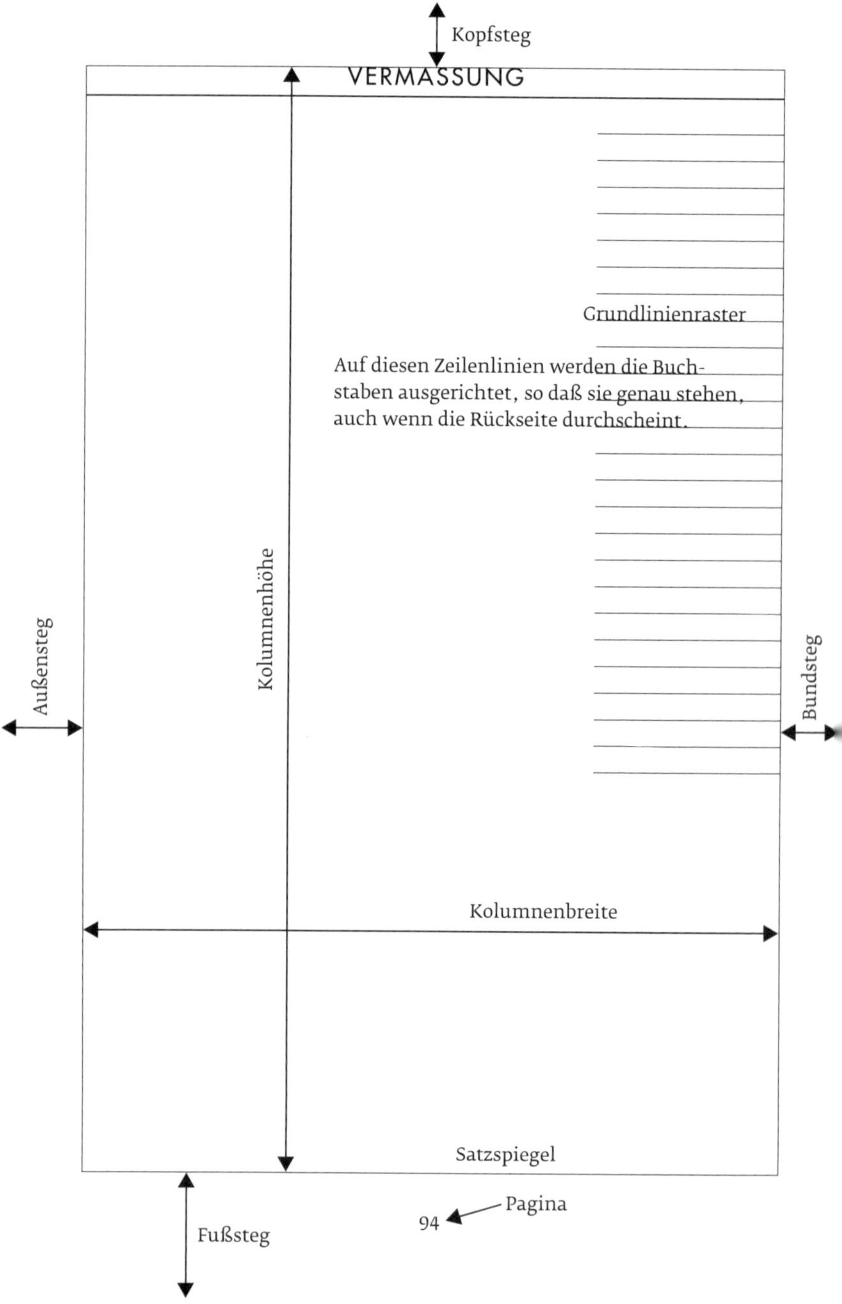
Kopfsteg
VERMASSUNG
Grundlinienraster
Auf diesen Zeilenlinien werden die Buchstaben ausgerichtet, so daß sie genau stehen, auch wenn die Rückseite durchscheint.
Kolumnenhöhe
Außensteg
Bundsteg
Kolumnenbreite
Satzspiegel
Pagina
94
Fußsteg

DIE MEISTVERKAUFTEN BÜCHER IM AUFBAU-VERLAG BIS 1990

»Verlag – das ist eine Ansammlung von Menschen mit speziellen Kenntnissen. Man kann die Ansammlung mit einem Teich vergleichen, den ein Bach durchfließt. Für den, der nur flüchtig auf einen Teich hinsieht, bleibt er ein Teich, obwohl sein Wasser von heute nicht das von gestern ist und das Wasser von heute nicht das von morgen sein wird« (Erwin Strittmatter). Der Aufbau-Verlag war der größte Verlag der DDR.

Titel	*Auflage*
Anna Seghers, Das siebte Kreuz	991000
Dieter Noll, Die Abenteuer des Werner Holt (Bd. 1)	838500
Friedrich Wolf, Bummi	635000
Brüder Grimm, Kinder- und Hausmärchen	630000
Friedrich Wolf, Märchen für große und kleine Kinder	583000
Giovanni Boccaccio, Das Dekameron	561800
Dieter Noll, Die Abenteuer des Werner Holt (Bd. 2)	495000
Erwin Strittmatter, Ole Bienkopp	458000
Mark Twain, Tom Sawyers Abenteuer	452000
Theodor Storm, Der Schimmelreiter	449000
Erwin Strittmatter, Der Wundertäter (Bd. 1)	436000
Bolesław Prus, Pharao	427000
Hans Fallada, Wer einmal aus dem Blechnapf frißt	422300
A. S. Makarenko, Der Weg ins Leben	421000
Maxim Gorki, Die Mutter	409800

BESTSELLERLISTEN ZWISCHEN 1962 UND 2001

Nichts ist erfolgreicher als der Erfolg. Die folgenden Autoren schafften immer wieder den Sprung unter die ersten zehn der Spiegel-Bestsellerliste.

Autor	*Top-10-Plazierungen*	*erste Top-10-Pl.*	*letzte Top-10-Pl.*
Johannes Mario Simmel	12	1965	1991
John Grisham	10	1992	2001
Ephraim Kishon	8	1973	1981
Siegfried Lenz	7	1968	1988
Heinrich Böll	7	1962	1985
Günter Grass	7	1963	1999
Isabel Allende	5	1984	2000
Rosamunde Pilcher	5	1991	2001
Donna Leon	5	1997	2001

TITEL DER NIE ERSCHIENENEN BÜCHER VON WOLFGANG KOEPPEN

Der Suhrkamp Verlag kündigte 1975 einen neuen Roman von Wolfgang Koeppen an: »Koeppens letzter Roman ›Der Tod in Rom‹ erschien 1954. Wolfgang Koeppen hat einen neuen Roman geschrieben. In ihm destillieren sich Erfahrungen, die ein so wacher und sensibler Beobachter wie Wolfgang Koeppen unserer Zeit abgewann.«
Die Entstehungsgeschichte war zu diesem Zeitpunkt schon über zehn Jahre alt, und der Roman sollte nie erscheinen. Wir stellen die Arbeitstitel vor.

Die Scherzhaften (3 od. 4 Bde); Bd. 1: Bismarck oder all die Tränen (Ankündigung, Mai 1961)
Theseus, fast nichts (Brief, August 1961)
Scherze des fliegenden Holländers (Brief, März 1968)
Ein Maskenball (Brief, Mai 1969; Presseankündigung für Herbst 1970)
Der Maskenball (Ankündigung im *Börsenblatt* für Herbst 1972)
In Staub mit allen Feinden Brandenburgs (Brief, September 1974)
Sprache (Gespräch im Juni 1976)
Reise um die Welt (Gespräch im Juni 1976)
Tasso oder Die Disproportion (Brief, August 1979)
Rundum. Eine Weltreise (Gespräch im Juni 1980)
Zwart Water (Brief, Oktober 1983)
Im Keller (Brief, Oktober 1983)
Das Schiff. Oder ich komme nicht nach Petra (Brief, Dezember 1991)
Nein. Mein Leben. Autobiographie (Brief, Dezember 1993)

GRIMMS KINDER- UND HAUSMÄRCHEN IN ZAHLEN

Die drei Brüder
Die zwölf faulen Knechte
Die sechs Schwäne
Die drei Faulen
Der Teufel mit den drei goldenen Haaren
Die drei Feldscherer
Die sieben Raben
Die drei grünen Zweige
Die zwölf Jäger
Die drei Handwerksburschen
Der Wolf und die sieben jungen Geißlein
Die drei Männlein im Walde
Die drei Schlangenblätter
Die vier kunstreichen Brüder
Die drei Spinnerinnen
Die sechs Diener
Die drei Sprachen
Die zwölf Brüder
Die drei Schwestern
Sechse kommen durch die ganze Welt
Die drei Federn
Die sieben Schwaben
Die zwei Brüder
Die zwölf Apostel
Die drei Glückskinder

SO SPRECHEN DIE BÜCHERMACHER (5)

Marginalie	Steht meist am äußeren Rand neben dem Satzspiegel und liefert ergänzende Hinweise, Erklärungen oder faßt den Text zusammen. *Randbe-bemerkung*
Hurenkind	Kommt zur Welt, wenn der Setzer schläft (und der Korrektor nicht aufpaßt) – Ausgangszeile eines Absatzes, die am Kopf der nächsten Seite oder Kolumne steht. Wird verdächtigt, den Lesefluß massiv zu stören, und ist bei Lesern und Verlegern stark verpönt. Ist uns auf dieser Seite just passiert – sonst aber in Büchern strikt zu vermeiden.
Schusterjunge	Die erste Zeile eines Absatzes steht gerade noch auf der vorhergehenden Seite – wird wie das Hurenkind ungern gesehen, hat aber nicht mehr so sehr unter dem Ruf zu leiden, schädlich für den Lesefluß zu sein.
Kapitälchen	Verkleinerte Großbuchstaben in der Größe des x, die aber nicht nur einfach verkleinert, sondern aufwendig an die Strichstärke der anderen Buchstaben angeglichen wurden, um beim Lesen gleichmäßig zu wirken.
Satzspiegel	Bedruckte, von weißen Rändern umgebene rechteckige Textfläche auf einer Druckseite, die auf dieser Seite mit einer dünnen Linie sichtbar gemacht wurde.

Das Ziel des Schreibens ist es, andere sehen zu machen.

Joseph Conrad

DIE VOLKSMÄRCHEN VON LEO TOLSTOI

Wovon die Menschen leben
Auf Feuer habe acht!
Wo die Liebe ist, da ist auch Gott
Die beiden Alten
Die Kerze
Der Knecht Jemeljan und die leere Trommel
Wieviel Erde braucht der Mensch?
Das Korn ist so groß wie ein Hühnerei
Die drei Greise
Der reuige Sünder
Der Teufel ist zäh, aber was Gott macht, hält fester zusammen
Die Kinder sind klüger als die Alten
Die beiden Brüder und das Gold
Iljas
Wie der Teufel die Brotschnitte verdiente
Der Taufsohn
Das Märchen von Iwan dem Narren
Der Tod des Iwan Iljitsch

RÖMISCHE ZAHLEN

1	I	30	XXX	600	DC
2	II	40	XL	700	DCC
3	III	50	L	800	DCCC
4	IV	60	LX	900	CM
5	V	70	LXX	1000	M
6	VI	80	LXXX	5000	$\overline{V}$
7	VII	90	XC	10 00	$\overline{X}$
8	VIII	100	C	50 00	$\overline{L}$
9	IX	200	CC	100 000	$\overline{C}$
10	X	400	CD	500 000	$\overline{D}$
20	XX	500	D	1 000 000	$\overline{M}$

RECLAM-COVER – EINMAL ANDERS

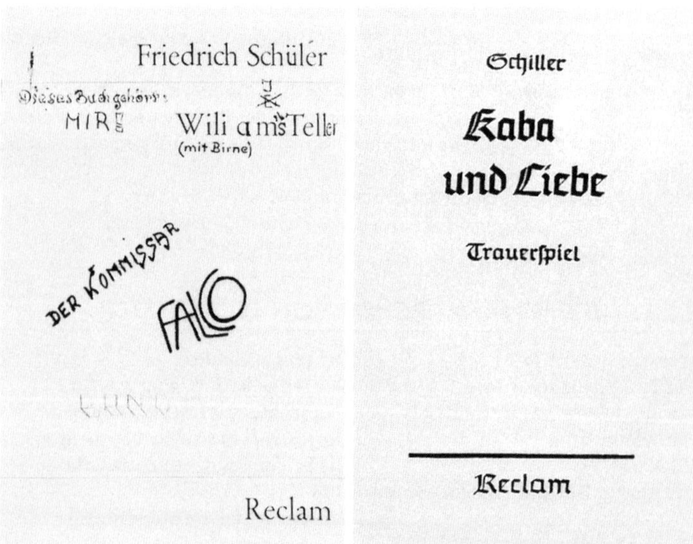

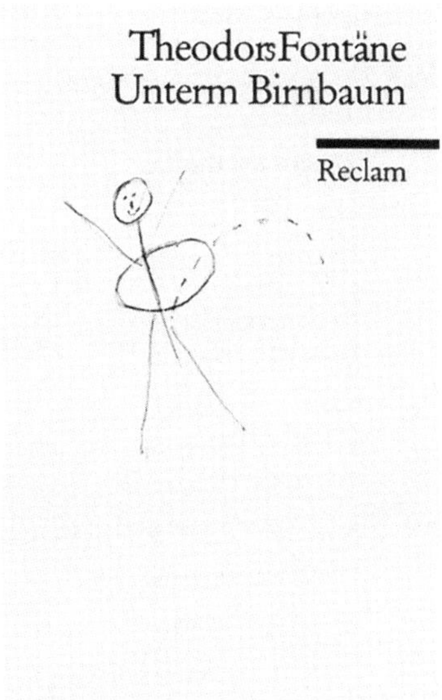
TheodorsFontäne
Unterm Birnbaum
Reclam

M
Gotthold Ephraim Lessing
Nathan der Weisen-
Knabe
Reclam-
ation

Johann Wolfgang Goethe
Die Faust
und die Hand
Der Tragödie
erster Teil
Reclam

GOTTFRIED
ist ein
KEILER
aus
KLEIDERN
MACHET
BEUTEL!
NOVELLE
RECLAM

SO MESSEN DIE BÜCHERMACHER

Punkte, Achates und Ciceros sind typographische Maße, die in den Bereichen Graphik und Druck verwendet werden.

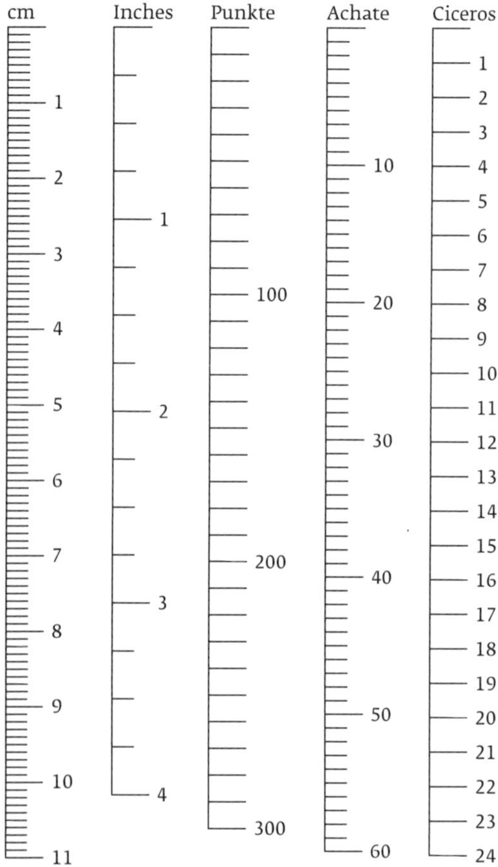

1 Achat = 5,5 Punkt
1 Cicero = 12,839 Punkt
1 Punkt = 0,01388 Inches
1 Inch = 25,4 mm

DEUTSCHSPRACHIGE »VERBRANNTE AUTOREN« 1933 (AUSWAHL)

Insgesamt standen 104 Autoren auf der Liste, die vom »Reichsministerium für Volksaufklärung und Propaganda« an die Studentenschaften der Hochschulen verteilt wurde. Am 10. Mai 1933 wurden ihre Bücher verbrannt. Heute kennt man sie als »verbrannte Autoren«:

Nathan Asch, Schalom Asch, Richard Beer-Hofmann, Georg Bernhard, Günther Birkenfeld, Bertolt Brecht, Max Brod, Robert Carr, Alfred Döblin, Kasimir Edschmid, Ilja Ehrenburg, Albert Ehrenstein, Hermann Essig, Lion Feuchtwanger, Georg Fink, Friedrich Wilhelm Förster, Sigmund Freud, Rudolf Geist, Ernst Glaeser, Iwan Goll, Karl Grünberg, Walter Hasenclever, Werner Hegemann, Arthur Holitscher, Albert Hotopp, Heinrich Eduard Jacob, Erich Kästner, Gina Kaus, Karl Kautsky, Alfred Kerr, Egon Erwin Kisch, Kurt Kläber, Karl Kraus, Peter Lampel, Heinz Liepmann, Emil Ludwig, Heinrich Mann, Klaus Mann, Karl Marx, Robert Neumann, Carl von Ossietzky, Ernst Ottwald, Kurt Pinthus, Theodor Plivier, Erich Maria Remarque, Ludwig Renn, Ludwig Rubiner, Rahel Sanzara, Alfred Schirokauer, Fabian Schlump, Arthur Schnitzler, Karl Schroeder, Anna Seghers, Hans Sochaczewer, Adrienne Thomas, Ernst Toller, Friedrich Torberg, Kurt Tucholsky, Werner Türk, Jakob Wassermann, Arnim T. Wegner, Franz Carl Weiskopf, Franz Werfel, Theodor Wolff, Arnold Zweig, Stefan Zweig

Der Mensch erkennt, daß es nichts nützt,
Wenn er den Geist an sich besitzt,
Weil Geist uns dann erst Freude macht,
Sobald er zu Papier gebracht.

Eugen Roth

DIE REISEBERICHTE VON HEINRICH HEINE

»Ich bin kein Gelehrter, ich gehöre nicht zu den 700 Weisen Deutschlands. Ich stehe mit dem großen Haufen vor den Pforten ihrer Weisheit, und ist da irgend eine Wahrheit durchgeschlüpft, und ist diese Wahrheit bis zu mir gelangt, dann ist sie weit genug: – ich schreibe sie mit hübschen Buchstaben auf Papier und gebe sie dem Setzer; der setzt sie in Bley und giebt sie dem Drucker; dieser druckt sie und sie gehört dann der ganzen Welt.«

Briefe aus Berlin (1822)
Über Polen (1823)
Die Harzreise (1826)
Die Nordsee. Dritte Abteilung (1827)
Ideen. Das Buch Le Grand (1827)
Italien. Reise von München nach Genua (1830)
Italien. Die Bäder von Lucca (1830)
Italien. Die Stadt Lucca (1831)
Englische Fragmente (1831)

13 SOMMERANTHOLOGIEN

Der Sommer kommt jedes Jahr. So sicher, wie es jedes Jahr Sommer-Anthologien der Verlage gibt, so sicher ändern sich deren Titel kaum.

Einen Sommer lang. Ein literarisches Lesebuch (ars edition 1984)
Das Sommer-Lesebuch. Geschichten für die langen Sonnentage (Heyne 1987)
Sommer, Sonne, Sand und mehr. Das große Ferien-Lesebuch (Goldmann 1993)
Sommerwind. Ein Lesebuch für den Sommer (Econ 1996)
Sommer, Sonne, Leselust (Goldmann 1997)
Das Sommerbuch. Gedichte und Prosa (Insel 1999)
Sommerglück. Ein Lesebuch (dtv 2000)
Hier kommt der Sommer. Das große Urlaubslesebuch (Aufbau 2003)
Im Sommer. Die schönsten Urlaubsgeschichten (Aufbau 2004)
Sommer, Sonne, Liebeskummer (Bertelsmann 2004)
Sommer-Lesepicknick (Heyne 2005)
Strandparty. Geschichten von Sommer, Liebe und Meer (Aufbau 2005)
Urlaubslesebuch (dtv 2006)

WUNDERLICHE KOCHBÜCHER

Schmeckt's? Über Geschmack läßt sich bekanntlich nicht streiten. Autoren und Verlage sind einfallsreich, wenn es darum geht, neue Themen zu finden. Guten Appetit!

Strange Food. Skurrile Spezialitäten. Insekten, Quallen und andere Köstlichkeiten (Komet)
Anita van Saan / Cornelia Haas, Die kleine Campingküche. Rezepte für zwei mit Zelt. Mit Gewürzstreuer (Hölker)
Claudia Wagner u.a., Kocht wieder kein Schwein?! Das ultimative WG-Kochbuch (Hölker)
Kochen! Das Gelbe von GU. 1295 Rezepte, die man wirklich braucht (Gräfe und Unzer)
Gisela Allkemper / Kristin Labuch, Ich hab dich zum Fressen gern. Das kleine Kochbuch für Verliebte (Hölker)
Barbara & Hans Otzen, DDR Kochbuch (Komet)
Küchenkerle. Das Kochbuch für Jungs, die ausziehen (Hölker)
Wolfgang Hübner / Michael Wissing, Ingwer. Die edle Schärfe aus dem Land des Lächelns (AT Verlag)
Radu Spaeth, 1 Form – 50 Muffins. Mit Kaiser 12-Loch Muffinform (Gräfe und Unzer)
Das Ox-Kochbuch. Vegetarische und vegane Rezepte nicht nur für Punks (Ventil)

GRUNDBESTANDTEILE EINES FANTASY-ROMANS

Mit diesen Ingredienzien ist jeder Roman dieses Genres ausgestattet. Vom »Herr der Ringe« angefangen ...

1. Der Held kommt aus dörflichen Verhältnissen.
2. Der Böse ist ganz und gar böse.
3. Der Böse ist unbesiegbar.
4. Der Held lernt durch Zufall Freunde kennen.
5. Die Freunde sind Zwerge, Elfen, Riesen, Zauberer oder Menschen.
6. Zusammen haben sie keine Chance gegen den Bösen.
7. Zusammen werden sie den Bösen besiegen.
8. Ein entscheidender Gegenstand zum Erringen der Weltherrschaft ist nicht im Besitz des Bösen.
9. Die Freunde haben, finden und bekommen ihn in ihre Hände.
10. Der Böse versucht sich den Gegenstand zu besorgen.
11. Die Helfer des Bösen sind brutal, schleimig, dunkel, fies und unbesiegbar.
12. Es kommt zum Kampf.
13. Der unbesiegbare Böse wird von den Freunden besiegt. Wie auch immer.

REDAKTEURSKRANKHEIT

Die Redakteure des dtv-Brockhaus-Lexikons erfanden 1966 eine neue Krankheit: In Band 19 (Seite 197) findet sich unter »verschlafen« der Eintrag: lat. abgek. morb. lex., Niedergangsseuche in Spätkulturen, bes. im westl. → Abendland verbreitet. Gilt als unheilbar.

In der Ausgabe von 1992 wurde der Eintrag ergänzt: Galt als unheilbar; durch Einsatz des Zeiterfassungsgeräts lokal überwunden; zeitweise bestritten.

LANGE ERSTE SÄTZE

Der erste Satz ist die Visitenkarte eines Romans. Laut Theorie darf er auf keinen Fall zu lang sein. Hier die Gegenbeispiele:

146 Wörter	Friedrich Dürrenmatt, Der Auftrag
99 Wörter	Otfried Preußler, Krabat
93 Wörter	Tommaso Landolfi, Cancoregina
85 Wörter	Charles Dickens, Oliver Twist
73 Wörter	Theodor Fontane, Effi Briest
72 Wörter	Henry James, Das Durchdrehen der Schraube
72 Wörter	Tor Age Bringsvaerd, Das Frühstück der Langschläferin
71 Wörter	Thomas Mann, Die Bekenntnisse des Hochstaplers Felix Krull

DIE BERÜHMTESTEN KINDERFIGUREN VON ASTRID LINDGREN

Pippi Langstrumpf	Pippilotta Viktualia Rollgardina Pfefferminza Efraimstochter Langstrumpf, Thomas, Annika
Meisterdetektiv Blomquist	Kalle Blomquist, Anders, Eva-Lotta
Britt-Mari erleichtert ihr Herz	Britt-Mari, Kajsa, Svante, Jerker, Majken, Monika
Wir Kinder aus Bullerbü	Lisa, Lasse, Bosse, Britta, Inga, Ole
Mio, mein Mio	Bosse (eigentlich: Bo Vilhelm Olsson), Benka, Jum-Jum
Karlsson vom Dach	Lillebror, Birger, Betty
Die Kinder aus der Krachmacherstraße	Jonas, Mia-Maria, Lotta
Rasmus und der Landstreicher	Rasmus, Gunnar
Rasmus, Pontus und der Schwertschlucker	Rasmus, Pontus
Madita	Madita (eigentlich: Margareta), Lisabet (auch: Pims), Mia, Matti
Michel in der Suppenschüssel	Michel, Ida
Ferien auf Saltkrokan	Malin, Johann, Niklas, Pelle, Tjorven, Stina
Die Brüder Löwenherz	Karl (auch: Krümel), Jonathan
Ronja Räubertochter	Ronja, Birk

BÜCHER-ESSER (5): DEUTSCHLAND

Isaak Vollmar veröffentlichte zu Beginn des 20. Jahrhunderts mehrere Schriften, die das Leben des Herzogs Bernhard von Sachsen-Meiningen satirisch beleuchteten. Der Herzog lud Vollmar zu sich ein, setzte ihm jedoch keine Mahlzeit vor, sondern zwang ihn, eins seiner Bücher ungekocht zu essen.

PAPIER-B-FORMATE

B0	1000 × 1414 mm	B5	176 × 250 mm
B1	707 × 1000 mm	B6	125 × 176 mm
B2	500 × 707 mm	B7	88 × 125 mm
B3	353 × 500 mm	B8	62 × 88 mm
B4	250 × 353 mm	B9	44 × 62 mm

EIN BESONDERES VORWORT VON WILKIE COLLINS, »DER ROTE SCHAL«

Wilkie Collins, unbedingt lesenswerter Autor und früher Kriminalromanschreiber, begeistert uns Leser selbstbewußt und fröhlich.

Der geneigte Leser, auf dessen Großherzigkeit ich nun schon aus Erfahrung vertrauen darf, wird, wie ich abermals zu hoffen wage, die etwa vorhandenen Qualitäten dieser Erzählung zu würdigen wissen, ohne daß ich ihn im Voraus um Nachsicht bitte. Er wird erkennen, daß alles wohlüberlegt und gewissenhaft ausgearbeitet ist, und möge das Ergebnis demgemäß beurteilen – mehr verlange ich nicht.

Allerdings werden sich auch einige Leser finden, die es hier und da stört, vielleicht sogar ärgert, daß *Der rote Schal* in mehr als einer Richtung die engen Grenzen überschreitet, die sie der modernen Erzählkunst zubilligen. Solche Personen werde ich durch keine noch so glänzenden Argumente umstimmen können, wie es die Zeit selbst für mich tun wird, wenn sie mein Werk bestehen läßt. Ich fürchte nicht, daß meine Absichten fortwährend verkannt werden, vorausgesetzt, daß die Ausführung ihnen gerecht geworden ist.

Unsere gegenwärtigen Moralprediger und Scheinheiligen mögen dieses Buch höchst gewagt finden; doch gemessen an der wahrhaft christlichen Moral, die für alle Zeiten gilt, besteht seine Kühnheit nur darin, daß es die Dinge beim rechten Namen nennt.

London, im April 1866 — Der Verfasser

SO SPRECHEN DIE BÜCHERMACHER (6)

Englische Broschur	Um den Buchblock wird ein unbedruckter Kartonumschlag geklebt, auf den wiederum ein Schutzumschlag gelegt wird, der am Buchrücken festgeklebt wird, dessen Klappen breit um den Umschlag eingeschlagen werden. Wird heute nur noch für bibliophile Ausgaben benutzt.
Dichte	Maß dafür, wie viel Farbe in der Druckmaschine auf ein bestimmtes Papier aufgebracht wird. Zu wenig Farbe lässt das Druckbild matt erscheinen, bei zu viel Farbe wird der Druck kontrastarm.
Inkunabeln	»Frühdrucke« oder »Wiegendrucke«; Bücher, die von 1500–1550 erschienen sind

253 KUNDENWÜNSCHE

Ohne zahlende Kunden können Buchhandel und Verlage nicht existieren. Nicht immer kann allerdings ein Wunsch dem tatsächlichen Objekt der Begierde direkt zugeordnet werden. Der Frankfurter Buchhändler Gérard Otremba hat die schönsten Stilblüten seiner Kunden gesammelt und diese in zwei höchst amüsanten Bänden publiziert. Im Folgenden eine Auswahl der erstaunlichsten Anfragen.

»Ich hätte gerne ein Buch für einen intelligenten Einjährigen.«

»Von Wolfgang Amadeus Goethe: Die Liebe des jungen Pferdes.«

»Für die Schule, so ein Buch, das heißt: Die verlorene Ehre der Katharina Witt.«

»Mein Deutschlehrer hat gesagt, ich brauche das Buch von Rudolf Hess, Nazis in Dortmund.«

»Haben Sie eine Weltkarte im Maßstab 1:50000?«

»Wo haben Sie das Buch: Der Mann ohne Leidenschaften?«

»Ich brauche das Buch: Irischer Frühling von Heinrich Mann.«

»Ich will die Weihnachtsgeschichte von Charles Darwin.«

»Führen Sie von Dostojewskij die Brüder Casanova?«

»Wo stehen denn hier die Ansichten eines Hochstaplers von dem Autor Felix Krull?«

»Ich habe vor einem Jahr in London ein Buch gesehen mit orange-blauem Einband. Ist das inzwischen übersetzt?«

»Ich brauche wieder ein Buch für den Deutschunterricht, es heißt, glaube ich, Hölderlin und die Brandstifter.«

DIN-C-FORMATE

DIN C0	917 x 1297 mm	DIN C5	162 x 229 mm
DIN C1	648 x 917 mm	DIN C6	114 x 162 mm
DIN C2	458 x 648 mm	DIN C7	81 x 114 mm
DIN C3	324 x 458 mm	DIN C8	57 x 81 mm
DIN C4	229 x 324 mm		

»Daß Bücher alt werden können, fleckig und beschädigt,
ist auch ein Produktvorteil: Indem wir sie benutzen,
verändern wir sie, eignen sie uns an, ›codieren‹ wir sie
individuell. Wir gravieren Spuren ein.
Ist das nicht auch interaktiv?«

Matthias Horx

LETZTE RUHESTÄTTEN VON AUTOREN

Anna Achmatowa	St. Petersburg, Komarowo
Jane Austen	Hampshire, Winchester Cathedral
Wolfgang Borchert	Hamburg, Ohlsdorf
Bertolt Brecht	Berlin, Dorotheenstädtischer Friedhof
Johann Wolfgang von Goethe . .	Weimar, Friedhof vor dem Frauentor
Heinrich Heine	Paris, Cimetière de Montmartre
Franz Kafka	Prag-Straschnitz
Astrid Lindgren	Vimmerby (Schweden)
Thomas Mann	Kirchberg (Schweiz)
Heiner Müller	Berlin, Dorotheenstädtischer Friedhof
Vladimir Nabokov	Vevey (Schweiz)
Nelly Sachs	Stockholm, Jüdischer Friedhof
Arno Schmidt	Bargfeld, im Garten
William Shakespeare	Stratford-upon-Avon, Holy Trinity Church (England)
Peter Suhrkamp	Keitum auf Sylt
Anton Tschechow	Moskau, Wagankowskoje-Kloster
Fernando Pessoa	Lissabon, Hieronymus-Kloster
Thomas Bernhard	Wien, Grinzinger Friedhof

BÜCHER ÜBER BIER

Jürgen Brater, Bier auf Wein, das lass sein. Kleines Lexikon der unsinnigen Regeln und Ermahnungen (Eichborn 2004)

Hubert Hanghofer, Bier brauen nach eigenem Geschmack (BLV 1999)

Klaus Kling, Bier selbst gebraut. Mit Rezepten für 100 Sorten (Die Werkstatt 2002)

Georg Lechner, 1000 Biere aus aller Welt (Naumann & Göbel 2003)

Richard Lehrl, Bier brauen. Handbuch für den Heimbrauer (Ulmer 2000)

Lexikon der Biere. Mehr als 300 Biere aus aller Welt (Komet 2004)

Timo Müller / Thomas Schmidt, Trinkspiele. 44 Wege, sich mal richtig die Kante zu geben! (BoD 2005)

Conrad Seidl, Bier-Katechismus. Was Sie schon immer über Bier wissen wollten (Deuticke 2005)

Christine Werner / Dietmar Werner, Die schönsten Sagen vom deutschen Bier (Husum 2001)

Jürgen Roth / Michael Rudolf, Bier! Das Lexikon (Reclam 1998)

Der Buchladen – um diese Trivialität einmal auszusprechen – unterscheidet sich von anderen ehrenwerten Kommerzstätten eben wie die »Geschichte der Stadt Rom im Mittelalter« von einem Rindsfilet oder einem Popelinehemd, und wenn sich dieser Unterschied zu verwischen droht, so steht es nicht nur schlimm um den Buchhandel, sondern um uns alle. Da die Gurgel- und Flimmerkästen unserer Zeit oder die wöchentlichen Photoplantagen der Illustrierten zwar das Buch verdrängen, es aber niemals ersetzen können, so gibt es auch niemals einen Ersatz für die Funktion des Buchhändlers, der den ungeheuren – aus wenigem Gold, mehr Silber und noch mehr Kupfer und geringwertigem Papiergeld bestehenden – Schatz des gedruckten Wortes wie ein Bankier verwaltet und für seine rechte und gewinnbringende Zirkulation sorgt.

Diese Besonderheit stellt an den »Buchkaufmann« Anforderungen hohen Grades, die nicht nur geistiger, sondern auch moralischer Natur sind. Natürlich muß er sachkundig sein, und natürlich bedeutet Sachkunde in diesem Falle nichts Geringeres als Vertrautheit mit dem geistigen Schatze, für dessen rechte Zirkulation er sorgen soll. Er soll sich gewissermaßen wie ein Arzt vorkommen, der »geistige Gesundheit« verkauft, oder wie ein Apotheker, der mit allen Säften, Kräften und Giften des Körpers vertraut ist. Dazu gehört aber nicht nur das Wissen und Können, sondern ebenso ein sicherer Maßstab des Bekömmlichen und Unbekömmlichen und das Gefühl der Verpflichtung gegenüber dem Patrimonium, das hier im Strome des Marktes verwaltet werden soll.

Das heißt noch mehr. Es bedeutet, daß ein solcher mit dem Buch handelnder Kaufmann sich fortgesetzt in der Charakterstärke zu bewähren hat, die ihn davor bewahrt, das Höhere dem Niederen zu opfern und den kommerziellen Versuchungen des Marktes zum Schaden seiner Funktion eines geistigen Vermittlers zu erliegen.

Man sollte sich darüber klar sein, daß derjenige, der Buchhändler wird, sich für einen Beruf entscheidet, der, wenn man ihn ernst nimmt, nicht nur geistig anspruchsvoll, sondern auch moralisch höchst strapaziös ist. Ebensowenig sollten wir vergessen, daß, wenn diese ungewöhnlich hohen geistig-moralischen Anforderungen eines zwischen Geist und Markt angesiedelten und zwischen beiden Bereichen fortgesetzt vermittelnden Berufes erfüllt werden, darin seine besondere Würde und sein besonderer Rang liegen. Sie sind schwer zu verdienen, aber darum auch um so höher zu klassieren. Ein untrügliches Gefühl leitet uns in dieser Schätzung des Buchhändlerberufes.

Der Buchhändler also muß die Buchkultur, von der er in seiner Existenz abhängt, selber vorleben. Was könnte es schöneres als das geben? Es heißt aber auch, daß der Buchhändler gleich uns allen, die wir auf der Grenze von Geist und Markt leben, zwar vom Markte, aber für den Geist leben muß. Er gehört zu jenen Berufen, die damit rechnen müssen, daß Leistung und Geldeinkommen im Mißverhältnis zueinander stehen, und zwar in dem adelnden Sinne, daß die Leistung auf dem Markte unzureichend bewertet wird. Er sollte es sich zur Ehre anrechnen, zu einem Stande zu zählen, in dem das Glücksgefühl nicht im umgekehrten Verhältnis zu der Arbeitszeit steht und die Zufriedenheit nicht nach der Höhe des Stundenlohns gemessen werden kann.

»Nichts gewinnt so sehr durch das Alter wie Brennholz, Wein, Freundschaften und Bücher.«

Francis Bacon

BÜCHER, DIE FEHLEN

Wir haben lange gesucht. Und dabei viele Bücher gefunden – sehr schöne, schöne und weniger schöne. Aber die folgenden Bücher haben wir in keiner Buchhandlung gefunden. Leider. Wir müssen sie wohl selbst schreiben.

Verlorene Heimat. Sachsen-Anhalt
Lance Armstrong, Meine Niederlagen
Paddelführer Nordatlantik
Angela Merkel, Mein erster Fünfzehn-Jahres-Plan
Dieter Bohlen, Antonín Dvořák. Die Biographie
Joseph Ratzinger, Jetzt helfe ich mir selbst
Michael Jackson, Nie mehr Schnupfen
Werner Tiki Küstenmacher, Simplify your wife
Reparaturanleitung – Jaguar

NAMEN IN ROMANEN VON THOMAS MANN

Buddenbrooks

Bendix Grünlich	1. Ehemann von Tony Buddenbrook
Alois Permaneder	2. Ehemann von Tony Buddenbrook
Morten Schwarzkopf	eigentliche Liebe Tony Buddenbrooks
Sesemi Weichbrodt	Lehrerin von Tony Buddenbrook
Hugo Weinschenk	Versicherungsdirektor

Der Zauberberg

Hans Castorp	Hauptfigur des Romans
Clawdia Chauchat	erotische Herausforderung Castorps
Leo Naphta	Gegenspieler Settembrinis
Mynheer Peeperkorn	Gefährte Clawdia Chauchats
Ludovico Settembrini ...	Gegenspieler Naphtas

Doktor Faustus

Chaim Breisacher	jüdischer Privatgelehrter
Adrian Leverkühn	Hauptfigur des Romans
Nepomuk Schneidewein .	Neffe Adrian Leverkühns
Kunigunde Rosenstiel ...	bedürftige Frauenseele
Else Schweigestill	Wirtin Leverkühns
Serenus Zeitblom	Freund und Biograph Leverkühns

Ein Buch ist für mich eine Art Schaufel,
mit der ich mich umgrabe.

Martin Walser

DEUTSCHE BÜCHER IM AUSLAND

Das Ranking der Lizenznehmer deutscher Buchproduktion 2004:

1. Südkorea
2. China
3. Polen
4. Spanien
5. Italien
6. Tschechische Republik
7. Rußland
8. Ungarn
9. Frankreich
10. Niederlande

SAMISDAT

»Samisdat« bedeutet »Selbstverlag«: spontane Selbstvervielfältigung von nicht erlaubter Literatur; seit den 1960er Jahren gebräuchlich für eine Verbreitung von Literatur jenseits der von der Zensur genehmigten Literatur. Der Samisdat war nicht nur ein literarischer Begriff, sondern eine gesellschaftliche Erscheinung, die im gesamten sozialistischen Osteuropa vertreten war, vor allem in der UdSSR, Polen, Ungarn und der Tschechoslowakei, wo es regelrechte »Samisdat-Verlage« mit bis zu 300 Publikationen gab: Edice Petlice, Edice Expedice, Edice Kvart. Hier einige wichtige russische Samisdat-Zeitschriften und -Sammlungen:

Sintaksis (Syntax)
Bumerang
Feniks (Phoenix)
Kolokol (Die Glocke)
Sfinksy (Die Sphinxe)
Russkoje slowo (Das russische Wort)
Sejatel (Der Sämann)
Semlja (Die Erde)
Moskowskij sbornik (Moskauer Sammlung)
Dwadzatyi wek (Das 20. Jahrhundert)
37
Tschasy (Die Uhr)
Apollon-77
Metropol (Die Metropole)

KOPFTUCHBÜCHER

Seit zwanzig Jahren erzielen Tatsachenberichte von Frauen, die in islamischen Ländern leben oder gelebt haben, riesige Auflagenzahlen.

Betty Mahmoody, Nicht ohne meine Tochter (Bastei Lübbe 1987)
Jean P. Sasson, Ich, Prinzessin aus dem Hause Saud (Goldmann 1987)
Zana Muhsen, Verschleppt im Jemen (Heyne 1991)
Djura, Der Schleier des Schweigens. Von der eigenen Familie zum Tode verurteilt (Bertelsmann 1991)
Choga R. Egbeme, Hinter goldenen Gittern. Ich wurde im Harem geboren (Ullstein 1991)
Fatma B., Hennamond. Mein Leben zwischen zwei Welten (Peter Hammer 1992)
Fauziya Kassindja, Niemand sieht dich, wenn du weinst (Blessing 1992)
Nadia Chaabani, Blut für Allah. Ich war die Frau eines iranischen Terroristen (Ullstein 2000)
Siba Shakib, Nach Afghanistan kommt Gott nur noch zum Weinen (Bertelsmann 2001)
Nasima Nazar, Gefangen im Land des Vaters (Marion von Schröder 2002)
Norma Khouri, Du fehlst mir, meine Schwester (Wunderlich 2003)
Carmen bin Ladin, Der zerrissene Schleier (Droemer 2003)
Doris Glück, Mundtot. Ich war die Frau eines Gotteskriegers (List 2004)

DIE TITEL DER ERSTEN SWR-BESTENLISTE IM MÄRZ 1975

Seit 1975 empfehlen Literaturkritiker neue Bücher, »denen sie möglichst viele Leser wünschen«. Auf diese Weise entsteht Monat für Monat ein durch 15 Kritiker bestimmter Ratgeber für neueste Literatur. Zunächst hatte die Liste »Bestenliste des Südwestfunks« geheißen.

1. Franz Kafka, Briefe an Ottla und die Familie (S. Fischer)
2. Nicolas Born (Hrsg.), Literaturmagazin 3. Die Phantasie an die Macht (Rowohlt)
3. Erich Fromm, Anatomie der menschlichen Destruktivität (DVA)
4. Gerhard Roth, Der große Horizont (Suhrkamp)
5. Eugen Kogon, Der SS-Staat (Kindler)
6. Hubert Fichte, Versuch über die Pubertät (Hoffmann und Campe)
7. Thomas Mann, Werkausgabe 13 (Nachträge) (S. Fischer)

8./9. Miklos Haraszti, Stücklohn (Rotbuch) / Vladimir Nabokov, Ada oder Das Verlangen (Rowohlt)

10. Heinrich Böll, Die verlorene Ehre der Katharina Blum (Kiepenheuer & Witsch)

»Ich habe nie für die Nachwelt geschrieben,
sondern immer nur für morgen früh.«
Edgar Wallace

EAN-STRICHCODE

EAN bedeutet »Europäische Artikel Nummer« und wird in einem Strichcode auf viele Bücher aufgedruckt, damit der Scanner an der Kasse das Buch erkennen kann. Bei gebundenen Büchern wird der EAN-Strichcode zusammen mit Preis und anderen Angaben auf ein Etikett gedruckt – so kann der Leser diese für den Handel wichtigen Informationen zu Hause ablösen. Wenn Sie diese Zeilen lesen, ist der EAN-Strichcode-Aufkleber bereits von der schützenden Folie in den Papierkorb gewandert.

ISBN (10) 3-455-50008-0
ISBN (13) 978-3-455-50008-0
Irlenkäuser/Vollmar
Das Buch der Bücher
ISBN 3-455-50008-0
9 783455 500080
15,00 [D]
15,50 [A]

Garamond	Das Buch der Bücher
Didot	Das Buch der Bücher
Zapfino	Das Buch der Bücher
Helvetica	Das Buch der Bücher
Rotis Semi Serif	Das Buch der Bücher
Fette Fraktur	Das Buch der Bücher
Walbaum	Das Buch der Bücher
Bauhaus	Das Buch der Bücher
Futura	Das Buch der Bücher
Frutiger Condensed	Das Buch der Bücher

SO SPRECHEN DIE BÜCHERMACHER (7)

Leiche	Druckersprache für beim Setzen ausgelassene Wörter oder Sätze.
Efalin	Einbandstoff aus sehr festen Rohstoffen auf Papierbasis. Schmutzunempfindlich, abwaschbar, gute Reißfestigkeit.
Kaschieren	Aufkleben, bezieht sich meist auf größere zu beklebende Flächen, die an den Rändern nicht eingeschlagen werden.
Ausschießen	Korrektes Anordnen von Druckkolumnen; Entfernen von Makulaturbogen aus »durchschossenem« oder »eingeschossenem« Druck; wird nur bei wertvollen Drucken angewendet.
Durchschießen	Das Zwischenlegen von Papier in frische Drucke; auch das Einheften von Papierblättern in Bücher, um darauf Ergänzungen schreiben zu können.
Verschießen	Umschlagen einer ursprünglichen Farbe in eine abweichende, meist mißfarbige Tönung.

»Bücher sind bessere Freunde als Menschen; denn sie reden nur, wenn wir wollen, und schweigen, wenn wir anderes vorhaben. Sie geben immer und fordern nie.«

Börries Freiherr von Münchhausen

BIBEL

Das am meisten verbreitete Buch der Welt. Die vollständige Bibel wurde bislang in 426 Sprachen übersetzt und allein im Jahr 2005 weltweit in 24,2 Millionen Exemplaren gedruckt. Für die Online-Generation ist auch eine elektronische Bibel (www.basisb.de) verfügbar.

Das Neue Testament liegt in 1115 Sprachen vor. Einzelne biblische Bücher gibt es mittlerweile in 862 Sprachen. Weltweit existieren schätzungsweise 6500 lebende Sprachen.

Nimmt man alle Bibeln, Neuen Testamente und andere biblische Schriften zusammen, sind diese bislang in 2043 Sprachen und Dialekte übersetzt worden und wurden allein im Jahr 2005 in 372 Millionen Exemplaren verbreitet

»Seit Lucrezia Borgia bin ich die Frau,
die am meisten Menschen
umgebracht hat, allerdings
mit der Schreibmaschine.«

Agatha Christie

REINHARD PIPER, VOM GLÜCK DES LESENS

Bücher an sich sind nur tote Dinge, wie andere Gegenstände auch. Es kommt auf den Menschen an, ob er sie sich lebendig machen kann oder nicht. Lesen ist nicht bloßes Zur-Kenntnis-Nehmen. Lesen muß schöpferisch sein, muß zum Anstoß werden zu eignem Erleben, zu selbständiger Tat. Voltaire sagte einmal: »Les livres les plus utiles sont ceux dont les lecteurs font eux-mêmes la moitié.« Der Leser muß zum Buche seine Hälfte dazu tun. Und diese seine Hälfte ist vor allem das selbständige erleben des Buchs. Man muß sich Bücher erobern, wie man sich einen Menschen oder ein Stück Natur erobert. Nichts fällt uns Menschen in den Schoß, und wenn es das täte, hätten wir nichts davon.

Erobern soll man nur, was des Eroberns wert ist, und das ist nur das Dauernde. Ein Buch ist ja nicht schon deshalb etwas wert, nur weil es ein Buch ist. »Vom Schlechten kann man nie zu wenig und das Gute nie zu oft lesen«, sagt Schopenhauer.

Man sollte eigentlich nur das lesen, was sich ein zweites Mal zu lesen lohnt. Bücher sind für den wahren Leser nichts Fertiges und ein für allemal Abgeschlossenes. Schon wenn wir dasselbe Buch zum zweitenmal lesen, ist es ein anderes. Der Anfang hat ein neues Licht von dem Ende empfangen, das wir nun schon kennen. Auch unsere eigene Stimmung ist nicht mehr dieselbe. Wir entdecken Stellen, die uns das erste Mal entgangen waren. Und bei der dritten und vierten Lektüre genießen wir die früheren nochmal nach. So ist das Buch inzwischen ein Gefäß unseres eigenen Lebens geworden. Es wird zum Lebensgefährten, der sich wandelt wie wir und sich doch treu bleibt, der das Altvertraute bewahrt und uns immer Neues zu sagen hat.

VORREDEN VON TAD WILLIAMS, »OTHERLAND«

Band 1 – Stadt der goldenen Schatten (1998)

»Dieses Buch ist meinem Vater Joseph Hill Evans gewidmet, von Herzen.

Eigentlich liest Vater keine Romane, deshalb sollte ihm jemand Bescheid sagen, sonst wird er nie davon erfahren.«

Band 2 – Fluß aus blauem Feuer (1999)

»Dieses Buch ist meinem Vater Joseph Hill Evans gewidmet, von Herzen.

Aber wie schon gesagt, Vater liest keine Romane. Er hat noch gar nicht gemerkt, daß dieser Wälzer ihm gewidmet ist.

Das ist jetzt der zweite Band – mal sehen, wie viele noch kommen müssen, bis er es mitkriegt.«

Band 3 – Berg aus schwarzem Glas (2000)

»Ihr wißt ja, wem dieses Buch gewidmet ist, auch wenn er es immer noch nicht weiß.

Mal sehen, mit ein bißchen Glück können wir die Sache vielleicht bis zum letzten Band geheimhalten.«

Band 4 – Meer des silbernen Lichts (2001)

»Die Antwort ist nein: Mein Vater hat bis jetzt keines der Bücher aufgeblättert und es folglich immer noch nicht spitzgekriegt. Mir wird wohl nichts übrigbleiben, als es ihm irgendwann einfach zu sagen. Vielleicht sollte ich es ihm schonend beibringen.

Alle Anwesenden, denen noch nie jemand ein Buch gewidmet hat, drei Schritte vor! Ups, Papa, Moment mal ...«

»Mein Herr, Ihr Stil ist flüssig.
Ihr Buch aber überflüssig.«
Gottfried Keller

AUTOREN-GESCHWISTERPAARE

Ludwig und Sophie Tieck
Bettina von Arnim und Clemens von Brentano
Charlotte, Emily und Anne Brontë
Thomas und Heinrich Mann
Klaus, Erika, Golo Mann und
Elisabeth Mann-Borghese

»Daß man Bücher nicht nur lesen, sondern auch kaufen soll, ist eine häufig gepredigte Forderung, und als alter Bücherfreund und Besitzer einer nicht kleinen Bibliothek kann ich aus Erfahrung versichern, daß das Bücherkaufen nicht bloß dazu dient, die Buchhändler und die Autoren zu füttern, sondern daß der Besitz von Büchern (nicht bloß ihre Lektüre) seine ganz eigenen Freuden und seine eigene Moral hat.«

Hermann Hesse

ISBN

Die »**I**nternationale **S**tandard**b**uch**n**ummer« kennzeichnet in aller Welt jedes Buch unverwechselbar. Dieses Buch trägt die ISBN 3-455-50008-0.

Ab Januar 2007 werden die bisher zehn Ziffern um drei Ziffern ergänzt. Die ersten drei Ziffern 978 stehen für die Warengruppe Buch, die nächste Ziffer bezeichnet den Sprachraum deutsch. Die folgende Zifferngruppe gibt den Verlag an – die 455 steht für den Hoffmann und Campe Verlag. Die nun folgende Zifferngruppe wird vom Verlag selbst vergeben und kennzeichnet einen bestimmten Titel. Die 50008 steht für das Buch der Bücher. Und die letzte Ziffer ist die sogenannte Prüfziffer (0), die arithmetisch ermittelt wird und hilft, Tippfehler festzustellen.

Beispiel zur Ermittlung der Prüfziffer anhand der EAN-ISBN dieses Buches: 978-3-455-50008-0. In der Reihenfolge der Ziffern wird gerechnet:

Ziffer	×	Gewichtung	=	Produkt
9	×	1	=	9
7	×	3	=	21
8	×	1	=	8
3	×	3	=	9
4	×	1	=	4
5	×	3	=	15
5	×	1	=	5
5	×	3	=	15
0	×	1	=	0
0	×	3	=	0
0	×	1	=	0
8	×	3	=	24
Produktsumme			=	110

Die Produktsumme wird durch 10 mit ganzzahligem Rest geteilt. Diese Ziffer ergibt die Prüfziffer von 0 bis 9.
Die Prüfziffer der ISBN wird nach einem ähnlichen Verfahren berechnet.

»Ein guter Roman verrät uns die Wahrheit über den Romanhelden. Ein schlechter Roman verrät uns die Wahrheit über den Romanautor.«

Gilbert Keith Chesterton

SÁNDOR MÁRAI, LESEN

Es reicht nicht, zu lesen. Wiederlesen ist – so wird von allen Experten geraten – wichtiger.

Und man muß nicht nur das Buch wieder lesen, das in der Erinnerung verblaßt oder das wir beim ersten Lesen nicht ganz verstanden haben: Auch der Satz, das Substantiv, das Verb, das Attribut, das im Buch etwas schicksalhaft bestimmt, muß wiedergelesen werden. Denn was will ein Buch? Sich verständlich machen. Aber derlei geht langsam, fast so langsam und kompliziert wie im richtigen Leben. Ehepartner brauchen bisweilen Jahrzehnte, bevor sich der eine dem anderen endlich verständlich machen kann. Auch Bücher sind so schwerfällige Bekannte.

Es reicht nicht, nach Katalog, nach der Mode oder der Tradition zu lesen; mit Instinkt muß man die Lektüre aufspüren, die – uns, ganz persönlich – etwas sagen kann. Man muß regelmäßig lesen, so wie man zu schlafen, zu essen, zu lieben und zu atmen pflegt. Die Bücher geben, wie Menschen auch, ihr Geheimnis, ihr Vertrauen nur preis, wenn auch du dich ihnen öffnest und hingibst.

Ich mag keine anderen Bücher lesen, nur solche, die mein Eigentum sind. Es reicht nicht, den Gedanken und das Wissen zu besitzen, die das Buch enthält. Auch das Buch selbst soll ganz mir gehören – bedingungslos, so wie man die Geliebte ganz haben will –, diese irdische Staubhülle des Gedankens.

»Wenn du einmal heiraten solltest,
so nimm nicht den Dichter,
sondern den Verleger.«

August Strindberg

DIE PERRY-RHODAN-ZYKLEN

Der vermutlich größte Buch-Kosmos ist seit 1961 das Parallel-Universum von Perry Rhodan. Perry Rhodan ist auf jeden Fall die erfolgreichste Science-fiction- und Heftchen-Serie der Welt. Im sogenannten Perryversum tauchen viele tausend Personen auf. Für normalsterbliche Leser ist es schier unmöglich, die Edition zu durchschauen. Wir geben einen ersten Überblick.

Titel	*Hefte*	*Silberbände*	*Jahre*
Die Dritte Macht	1– 49	1– 6	1971–1984
Atlan und Arkon	50– 99	7–12	2040–2045
Die Posbis	100–149	13–17	2102–2114
Das Zweite Imperium	150–199	18–20	2325–2329
Die Meister der Insel	200–299	21–32	2400–2406
M 87	300–399	33–44	2435–2437
Die Cappins	400–499	45–54	3430–3438
Der Schwarm	500–569	55–63	3438–3443
Die Altmutanten	570–599	64–67	3444
Das Kosmische Schachspiel	600–649	68–73	3456–3458
Das Konzil	650–699	74–80	3459–3460
Die Aphilie	700–799	81–93	3580–3582
Bardioc	800–867	94–	3582–3586

»Wahrscheinlich sind alle Schriftsteller irgendwie verrückt,
aber wenn sie was taugen, dann sind sie, glaube ich,
auch ganz schrecklich ehrlich.«

Raymond Chandler

REDENSARTEN ZUM THEMA BUCH

»You can't judge a book by looking at its cover«
»Das goldene Buch«
»Ein Buch mit sieben Siegeln«
»Reden wie ein Buch«
»In etwas lesen wie in einem offenen Buch«
»Die Nase ins Buch stecken«
»Ins Geschichtsbuch eingehen«

»Wie wenig du gelesen hast, wie wenig du kennst –
aber vom Zufall des Gelesenen hängt es ab, was du bist.«

Elias Canetti

SO SPRECHEN DIE BÜCHERMACHER (8)

Fußsteg	Der Raum zwischen dem unteren Rand der Seite und dem Satzspiegel. Die drei anderen Ränder haben die Namen Innen- oder Bundsteg, Außensteg und Kopfsteg.
Gautschen	1. Alter Buchdruckerbrauch, bei dem Setzer und Drukker nach Abschluß der Lehrzeit in eine Wanne mit Wasser geworfen werden, um symbolisch zum Ausdruck zu bringen, daß die Betroffenen von den schlechten Angewohnheiten der Lehrzeit gereinigt und nunmehr als vollwertiges Mitglied in die Zunft aufgenommen sind. 2. Das Verbinden von zwei oder mehr Papierbahnen im feuchten Zustand durch Zusammendrücken – ohne Klebstoff!
Gautschbrief	Urkunde, die bescheinigt, daß man sich dem Brauch des Gautschens unterzogen hat. Soll bei Druckern fast so wichtig sein wie der Gesellenbrief.
Wiederdruck	Tritt beim zweiseitigen Druckvorgang auf und bezeichnet die Gegenseite eines Druckbogens. Der Schöndruck bezeichnet die Vorderseite des Druckbogens. Unschön wird es, wenn das Papier das Gedruckte zu stark durchschimmern läßt und die Zeilen nicht genau aufeinander zum Stehen kommen.

INTERNATIONALE LITERATURPREISE

Booker Preis, Großbritannien
Cervantespreis, Spanien
Corine, Deutschland
Giller Prize, Kanada
Governor General's Award for Fiction, Kanada
International IMPAC Dublin Literary Award, Irland
National Book Award, USA
Nobelpreis für Literatur, Schweden
Orange Prize for Fiction, Großbritannien
Premio Strega, Italien
Prix Goncourt, Frankreich
Pulitzerpreis, USA

BRIEFWECHSEL/BRIEFBÄNDE IM SUHRKAMP/ INSEL-PROGRAMM 2005/2006

Besonders verdienstvoll ist die Veröffentlichung intellektuellen Lebens in Form von Briefbänden. Sie dienen wissenschaftlichen Zwecken und gewähren andere Einblicke als das Werk.

Gretel Adorno / Walter Benjamin	Briefwechsel 1930–1940
Hermann Broch / Ruth Norden	Transatlantische Korrespondenz
Ernst Bloch	Das Abenteuer der Treue. Briefe an Karola Bloch 1928–1949
Else Lasker-Schüler	Briefe 1925–1933
Paul Celan / Peter Szondi	Briefwechsel
Hermann Hesse	»Liebes Herz!« (Briefwechsel mit seiner zweiten Frau Ruth)
Th. W. Adorno / Max Horkheimer	Briefwechsel Band III, 1945–1949
Georg Simmel	Gesamtausgabe, Band 22, Briefe 1880–1911
Rainer Maria Rilke / Erwein von Aretin	Der Dichter und sein Astronom, Briefwechsel
Hermann Hesse / Josef Bernhard Lang	»Die dunkle und wilde Seite der Seele«. Der Briefwechsel mit seinem Psychoanalytiker 1916–1945
Wolfgang Koeppen / Siegfried Unseld ..	»Ich bitte um ein Wort«. Der Briefwechsel

DICHTER UND RAUSCHMITTEL (2)

Der tschechische Schriftsteller Jaroslav Hašek blickte gern – und zu häufig – ins Glas. Viele seiner Erzählungen – nicht nur die des braven Soldaten Schwejk – drehen sich um Bier, Schnaps, Weinbrand oder, wie hier, um Wodka: »In dem Augenblick raffte sich der Herr Pfarrer auf, sprang auf die Flasche zu und genoß einen Schluck seines wunderbaren Getränks.«

Jack Kerouac	Alkohol
Graham Greene ...	Alkohol
Georges Simenon ..	Alkohol
Friedrich Glauser ..	Morphium
Klaus Mann	Heroin
Jörg Fauser	Heroin
Aldous Huxley	Meskalin
Sinclair Lewis	Alkohol
William Faulkner ..	Alkohol
Jaroslav Hašek	Alkohol
Eugene O'Neill	Alkohol
Truman Capote	Alkohol
Ernst Jünger	Haschisch, LSD, Meskalin
Gottfried Benn	Kokain
William Burrouhgs ..	Meskalin, LSD, Pilze
Bernward Vesper ...	LSD

BÖRSENVEREIN

Interessenverband von Verlegern und Buchhändlern. Der Börsenverein des Deutschen Buchhandels e. V. besteht aus dem Bundesverband mit Sitz in Frankfurt am Main und elf rechtlich eigenständigen Landesverbänden. Am 30. April 1825 wurde der »Börsenverein der Deutschen Buchhändler zu Leipzig« gegründet und entwickelte sich bald zur Vertretung der Interessen des gesamten Berufsstandes. Zu seiner Arbeit gehörten der Kampf gegen die Zensur und das Eintreten für Urheberrechte sowie der Einsatz für feste Buchpreise.

Der Börsenverein ist weltweit der einzige Berufsverband, der alle drei Handelsstufen unter einem Dach vereinigt. Organisiert sind insgesamt rund 6500 Verlage, Buchhandlungen und Antiquariate, Zwischenbuchhändler und Verlagsvertreter. Der Börsenverein veranstaltet die Frankfurter Buchmesse und verleiht jährlich den Friedenspreis des Deutschen Buchhandels. Für seine Mitglieder übernimmt er politische und wirtschaftliche Lobbyarbeit, wobei er sich für das Kulturgut Buch und das Lesen ebenso einsetzt wie für die Meinungsfreiheit und die kulturelle Vielfalt der Gesellschaft.

EINBANDBEZEICHNUNGEN

In den Katalogen der Buchhändler ist die Einbandart für jedes Buch genau bezeichnet. Die Kenntnis der Abkürzungen bedarf langjähriger Erfahrung.

Balac	=	Balacron	k	=	kaschiert
Bat	=	Batist	Kl	=	Kaliko
br	=	broschiert	Kld	=	Kunstleder
cell	=	cellophaniert	Klw	=	Kunstleinen
cov	=	coverlux	Kpgt	=	Kunstpergament
ebr	=	engl. brosch.	Kst	=	Kunststoff
Efal	=	Efalin	kt	=	katoniert
F	=	Folieneinband	Ld	=	Leder
gb	=	gebunden	Lep	=	Leporello
gebl	=	geblockt	Lin	=	Linson
gh	=	geheftet	lm	=	laminiert
glk	=	glanzkaschiert	Lum	=	Lumbeck
Hd	=	Halbleder	Lw	=	Leinwand/Leinen
Hf	=	Halbfranz	Lwk	=	Leinwand kaschiert
Hkld	=	Halbkunstleder	Pp	=	Paperback/Packband
Hkst	=	Halbkunststoff	Pgt	=	Pergament
Hl	=	Halbleinen	Pl	=	Plastik
Hpgt	=	Halbpergament	Ppk	=	Pappband kaschiert

HANNI UND NANNI

Eine der erfolgreichsten Kinderbuchreihen ist »Hanni und Nanni« von Enid Blyton. Hier alle ihre Erlebnisse:

Band 1	Hanni und Nanni sind immer dagegen
Band 2	Hanni und Nanni schmieden neue Pläne
Band 3	Hanni und Nanni in neuen Abenteuern
Band 4	Kein Spaß ohne Hanni und Nanni
Band 5	Hanni und Nanni geben nicht auf
Band 6	Hanni und Nanni im Geisterschloß
Band 7	Hanni und Nanni suchen Gespenster
Band 8	Hanni und Nanni in tausend Nöten
Band 9	Hanni und Nanni groß in Form
Band 10	Hanni und Nanni geben ein Fest
Band 11	Lustige Streiche mit Hanni und Nanni
Band 12	Hanni und Nanni und ihre Gäste
Band 13	Fröhliche Tage für Hanni und Nanni
Band 14	Hanni und Nanni gründen einen Klub
Band 15	Hanni und Nanni im Landschulheim
Band 16	Hanni und Nanni bringen alle in Schwung
Band 17	Hanni und Nanni sind große Klasse
Band 18	Die besten Freundinnen
Band 19	Hanni und Nanni retten die Pferde
Band 20	Gute Zeit mit Hanni und Nanni
Band 21	Gefährliches Spiel für Hanni und Nanni

JAROSLAV HAŠEK, UNTER BIBLIOPHILEN

Das Schlimmste, was einem Menschen zustoßen kann, ist, in die Hände einer Literaturfreundin zu fallen, die in ihrem Salon Bibliophile um sich schart und literarische Abende durchführt, bei denen Tee gereicht wird und auf jeden Freund der Literatur zwei kleine Kekse entfallen.

Natürlich hätte ich nicht zu dem literarischen Abend bei Frau Herzanová zu gehen brauchen, aber ich wollte meinen Freund, der mich zum Mitgehen einlud, nicht kränken. Es mag wohl schon einige Monate her sein, daß ich ihm erzählte, ich hätte zu Hause die persische Originalausgabe der Gedichte von Hafis, in Menschenhaut gebunden. Mein Freund hatte das bei den Bibliophilen und Literaturfreunden erwähnt, und das genügte, daß ihr Mäzen, Frau Herzanová, den Wunsch äußerte, ich möge ihr vorgestellt werden.

Im Salon fand ich zwölf erregte Gesichter vor, aus denen mich die ganze Weltliteratur anblickte. Meine Ankunft wurde lebhaft begrüßt, und ich glaubte, ein Mann, der die Gedichte von Hafis in Menschenhaut gebunden besitzt, hätte wohl Anspruch auf vier von den kleinen Keksen.

Ich nahm mir also vier Kekse vom Teller, und für das neben mir sitzende Fräulein mit Brille blieb kein einziger übrig.

Das betrübte sie so, daß sie von Goethes »Wahlverwandtschaften« zu sprechen begann.

Ein mir gegenübersitzender Literaturhistoriker wandte sich an mich mit der Frage: »Kennen Sie den ganzen Goethe?«

»Vom Scheitel bis zur Sohle«, erwiderte ich ernst. »Er trägt gelbe Schnürschuhe und einen braunen Filzhut, ist Aufseher bei der Akzise und wohnt in der Karmelitergasse.«

Die Bibliophilen blickten mich starr und vorwurfsvoll an.

Die Gastgeberin wollte die peinliche Stille überwinden und fragte mich: »Sicherlich interessieren Sie sich lebhaft für Literatur?«

»Gnädige Frau«, sagte ich, »es gab Zeiten, in denen ich sehr viel gelesen habe, zum Beispiel die Bücher ›Die drei Musketiere‹, ›Die Maske der Liebe‹, ›Der Hund von Baskerville‹ und andere Romane. Meine Nachbarn hoben für mich die Romanbeilage der ›Národní politika‹ auf, und ich las dann jede Woche alle sechs Fortsetzungen hintereinander. Die Literatur interssierte mich sehr; so hatte ich keine Ruhe, ehe ich nicht wußte, ob die Gräfin Leona den Zwerg Richard heiratet, der ihr zuliebe am eigenen Vater zum Mörder geworden war, weil dieser ihren Verlobten aus Eifersucht erschossen hatte. Gewiß, Bücher tun wahre Wunder! Als es mir am schlechtesten ging, las ich den ›Jüngling von Messina‹. Mit neunzehn Jahren wurde der junge Mann ein Räuber. Er hieß Lorenzo. Ja, damals habe ich viel gelesen! Heute aber nicht mehr. Mir ist einfach die Lust dazu vergangen.«

Die Freunde der Literatur wurden blaß, und ein hochgeschossener Herr mit durchdringendem Blick fragte mich wie ein Untersuchungsrichter streng und abgehackt: »Interessieren Sie sich für Zola?«

»Ich weiß sehr wenig von ihm«, gab ich zur Antwort, »ich habe nur gehört, er soll im Deutsch-Französischen Krieg bei der Belagerung von Paris gefallen sein.«

»Kennen Sie Maupassant?« fragte jener Herr weiter, und es war zu merken, daß es in ihm kochte.

»Ich habe seine ›Sibirischen Erzählungen‹ gelesen.«

»Sie irren«, rief das neben mir sitzende Fräulein mit Brille und fuhr, wie von einer Tarantel gestochen, in die Höhe. »Sibirische Erzählungen haben Korolenko und Sieroszewski geschrieben. Maupassant ist doch Franzose!«

»Nein so was! Und ich habe immer gedacht, er ist Holländer!« sagte ich ruhig. »Doch wenn er Franzose ist, kann er die ›Sibirischen Erzählungen‹ vielleicht ins Französische übersetzen.«

»Aber Tolstoi kennen Sie doch?« fragte die Gastgeberin.

»Ich habe sein Begräbnis im Kino gesehen. Aber ein Chemiker wie Tolstoi, der das Radium erfunden hat, hätte ein würdigeres Begräbnis verdient.«

Einen Augenblick lang herrschte Totenstille. Der Literaturhistoriker mir gegenüber blickte mich mit blutunterlaufenen Augen an und fragte ironisch: »Die tschechische Literatur kennen Sie aber sicherlich vorzüglich?«

»Ich habe das ›Dschungelbuch‹ zu Hause, das genügt Ihnen wohl«, sagte ich mit Nachdruck.

»Aber das ist doch von Kipling, einem Engländer!« stöhnte ein anderer Herr und verbarg sein Gesicht in den Händen, als wollte er weinen.

»Von Kipling habe ja gar nicht gesprochen«, rief ich beleidigt, »ich meine doch das ›Dschungelbuch‹ von Tuček.«

Ich hörte, wie sich zwei Herren so laut, daß ich es hören mußte, zuflüsterten, ich sei ein Ochse.

Ein blasser Jüngling mit langem Haar rang die Hände und sagte in väterlichem Ton: »Sie begreifen nicht die Schönheiten der Literatur! Sicherlich wissen Sie auch nicht einen guten Stil, eine brillante Satzfügung zu schätzen, und wahrscheinlich begeistern Sie nicht einmal Gedichte. Kennen Sie von Liliencron die Stelle, wo die Natur Wort geworden ist und man ihre geheimsten Schönheiten erahnt:

Wolkenschatten fliehen über Felder,
Blau umdünstet stehen ferne Wälder …?

Er hob die Stimme, stützte sich auf die Schulter des neben ihm sitzenden Literaturfreundes und fuhr fort: »Und wie steht es mit dem ›Feuer‹ von D'Annunzio? Wenn Sie diese herrliche, ausdrucksvolle Schilderung der venezianischen Festlichkeiten gelesen hätten und dabei diesen herrlichen Liebesroman …« Verzückt heftete er seinen Blick auf den Gasstrumpf, fuhr sich mit der Hand über die Stirn und wartete, was ich sagen würde.

»Ich habe Sie nicht richtig verstanden«, erwiderte ich. »Warum hat dieser D'Annunzio eigentlich zu den Festlichkeiten ein Feuer gelegt? Wieviel Jahre hat er dafür bekommen?«

»D'Annunzio ist doch der berühmteste italienische Dichter«, erklärte mir das unermüdliche Fräulein mit Brille.

»Das ist aber sonderbar«, bemerkte ich mit unschuldigem Gesicht.

»Was ist denn daran sonderbar?« schnaubte im wahrsten Sinne des Wortes ein Herr, der bisher noch überhaupt noch kein Wort gesprochen hatte. »Kennen Sie überhaupt einen italienischen Dichter?«

Ich antwortete würdevoll: »Gewiß – Robinson Crusoe.« Dabei blickte ich stolz in die Runde.

Die zwölf Literaturfreunde und Bibliophilen wurden in diesem Augenblicke aschgrau, und die zwölf vorzeitig ergrauten Literaturfreunde und Bibliophilen warfen mich durch das Parterrefenster auf die Straße.

PANAMAISCHES WISSEN

Ein Lexikon vermittelt Wissen. Meyers Großes Taschenlexikon in 24 Bänden gibt sogar über den einzelnen Artikel hinausgehende, weiterführende Literatur an. In die Ausgabe des Jahres 1981 allerdings hat jemand – vermutlich selbst Vater oder Mutter – eine etwas hintergründige Information geschmuggelt: Denn in Band 16, auf Seite 231, findet sich unter dem Artikel zu Panama folgende Literaturangabe:

Janosch: Oh wie schön ist P. Weinheim ^{3}1979.

SO SPRECHEN DIE BÜCHERMACHER (9)

Aushängebogen	Der Drucker schickt dem Verlag den A. als letzte Korrektur zu, damit dieser die korrekte Reihenfolge der Druckbogen überprüft.
Einbringen	Verringern der Wortzwischenräume beim Setzen bzw. ganzer Satzteile, um Platz zu haben für einzufügende Wörter oder Zeilen
Colophon	Hinweis auf die bei der Herstellung des Buches beteiligten Zeichner und Techniker; Meist auf der letzten Buchseite, enthält es bei nummerierierten Drucken die Nummer des Exemplars.
Französische Broschur	immer geheftet, mit Vorsatz versehen, oft unbeschnitten, in einen Kartonumschlag gehängt, der ringsum überstehende Kanten hat; um diesen wird der bedruckte Umschlag gelegt
Fadenzähler	Zusammenklappbare Lupe zur Überprüfung der Passergenauigkeit, der Rasterpunkte, der Druckqualität und eventuell auf dem Bogen vorhandener Fehldruckstellen. Möglich ist eine Vergrößerung bis zu zwölffach.

Man kauft das Buch zuerst und liest es dann. Das Auflagenglück so vieler Autoren beruht auf dieser zeitlichen Anordnung.

Alexander Roda-Roda

Es ist idiotisch, sieben oder acht Monate an einem Roman zu schreiben, wenn man in jedem Buchladen für zwei Dollar einen kaufen kann.

Mark Twain

AUTOREN MIT DEM ANFANGSBUCHSTABEN Z

Adam Zagajewski	Philipp von Zesen	Carl Zuckmayer
Peter-Paul Zahl	Joseph Zoderer	Arnold Zweig
Feridun Zaimoglu	Albin Zollinger	Stefan Zweig
Paul Zech	Gerald Zschorsch	Gerhard Zwerenz

Schreiben ist leicht. Man muß nur die
falschen Wörter weglassen.

Mark Twain

CARLOS RUIZ ZAFÓN, DER FRIEDHOF DER VERGESSENEN BÜCHER

Ich erinnere mich noch genau an den Morgen, an dem mich mein Vater zum ersten Mal zum Friedhof der Vergessenen Bücher mitnahm. Die ersten Sommertage des Jahres 1945 rieselten dahin, und wir gingen durch die Straßen eines Barcelonas, auf dem ein aschener Himmel lastete und dunstiges Sonnenlicht auf die Rambla de Santa Mónica filterte.

»Daniel, was du heute sehen wirst, darfst du niemandem erzählen«, sagte mein Vater. »Nicht einmal deinem Freund Tomás. Niemandem.«

»Auch nicht Mama?« fragte ich mit gedämpfter Stimme.

Mein Vater seufzte hinter seinem traurigen Lächeln, das ihn wie ein Schatten durchs Leben verfolgte.

»Aber natürlich«, antwortete er gedrückt. »Vor ihr haben wir keine Geheimnisse. Ihr darfst du alles erzählen.«

Kurz nach dem Bürgerkrieg hatte eine aufkeimende Cholera meine Mutter dahingerafft. An meinem vierten Geburtstag beerdigten wir sie auf dem Friedhof des Montjuïc. Ich weiß nur noch, daß es den ganzen Tag und die ganze Nacht regnete und daß meinem Vater, als ich ihn fragte, ob der Himmel weine, bei der Antwort die Stimme versagte. Sechs Jahre später war die Abwesenheit meiner Mutter für mich noch immer eine Sinnestäuschung, eine schreiende Stille, die ich noch nicht mit Worten zum Verstummen zu bringen gelernt hatte. Mein Vater und ich lebten in einer kleinen Wohnung in der Calle Santa Ana beim Kirchplatz. Die Wohnung lag direkt über der von meinem Großvater geerbten, auf Liebhaberausgaben und antiquarische Bücher spezialisierten Buchhandlung, einem verwunschenen Basar, der, wie mein Vater hoffte, eines Tages in meine Hände übergehen würde. Ich wuchs inmitten von Büchern auf und gewann auf zerbröselnden Seiten, deren Geruch mir noch immer an den Händen haftet, unsichtbare

Freunde. Als Kind lernte ich damit einzuschlafen, daß ich meiner Mutter im dämmrigen Zimmer die Ereignisse zwischen Morgen und Abend, meine Abenteuer in der Schule erklärte und was ich an diesem Tag gelernt hatte. Ich konnte ihre Stimme nicht hören und ihre Berührung nicht fühlen, aber ihr Licht und ihre Wärme glühten in jedem Winkel der Wohnung, und mit der Zuversicht dessen, der seine Jahre noch an den Fingern abzählen kann, dachte ich, wenn ich nur die Augen schlösse und mit ihr spräche, könnte sie mich vernehmen, wo immer sie auch sein mochte. Manchmal hörte mir mein Vater im Eßzimmer zu und weinte verstohlen.

Ich erinnere mich, daß ich in jener Junimorgendämmerung schreiend erwachte. Das Herz hämmerte mir in der Brust, als wollte sich die Seele einen Weg bahnen und treppab stürmen. Erschrocken stürzte mein Vater ins Zimmer und nahm mich in die Arme, um mich zu trösten.

»Ich kann mich nicht mehr an ihr Gesicht erinnern. Ich kann mich nicht mehr an Mamas Gesicht erinnern«, keuchte ich.

Mein Vater umarmte mich fest.

»Hab keine Angst, Daniel. Ich werde mich für uns beide erinnern.«

Wir schauten uns im Halbdunkel an und suchten nach Worten, die es nicht gab. Das war das erste Mal, daß ich merkte, daß mein Vater alterte und seine Augen, Augen aus Nebel und Verlust, immer in die Vergangenheit blickten. Er stand auf und zog die Vorhänge zurück, um das laue Frühlicht hereinzulassen.

»Los, Daniel, zieh dich an. Ich möchte dir etwas zeigen«, sagte er.

»Jetzt? Um fünf Uhr früh?«

»Es gibt Dinge, die man nur im Dunkeln sehen kann«, gab mein Vater mit einem rätselhaften Lächeln zu verstehen.

Noch dämmerten die Straßen matt in Dunst und Nachttau dahin, als wir aus dem Haus traten. Flimmernd zeichneten die Straßenlaternen der Ramblas eine diesige Allee, während die Stadt sich reckte und streckte und ihr blasses Nachtgewand ablegte. Bei der Calle Arco del Teatro angekommen, wagten wir uns unter der sich in blauem Dunst abzeichnenden Arkade ins Raval-Viertel hinein. Ich folgte meinem Vater auf diesem engen Weg, eher

Scharte als Straße, bis sich der Abglanz der Rambla hinter uns verlor. In schrägen Quentchen sickerte das helle Morgenlicht von Balkonen und Karniesen bis knapp über den Boden. Endlich blieb mein Vater vor einem von Zeit und Feuchtigkeit schwarz gewordenen Portal stehen. Vor uns ragte etwas auf, was mir wie die verlassenen Überreste eines Palastes oder eines Museums aus Echos und Schatten vorkam.

»Daniel, was du heute sehen wirst, darfst du niemandem erzählen. Nicht einmal deinem Freund Tomás. Niemandem.«

Ein Männchen mit dem Gesicht eines Raubvogels und silbernem Haar öffnete uns die Tür. Unergründlich heftete sich sein durchdringender Blick auf mich.

»Guten Morgen, Isaac. Das ist mein Junge, Daniel«, verkündete mein Vater. »Er wird bald elf, und irgendwann übernimmt er das Geschäft. Er ist alt genug, um diesen Ort kennenzulernen.«

Mit einem leichten Nicken bat uns Isaac herein. Bläuliches Halbdunkel hüllte alles ein, so daß die Konturen einer breiten Marmortreppe und eine Galerie mit Fresken voller Engels- und Fabelfiguren gerade eben angedeutet wurden. Wir folgten dem Aufseher durch einen prächtigen Gang und gelangten in einen riesigen, kreisförmigen Saal, wo sich eine regelrechte Kathedrale aus Dunkelheit zu einer von Lichtgarben erfüllten Kuppel öffnete. Ein Gewirr aus Gängen und von Büchern überquellenden Regalen erstreckte sich von der Basis zur Spitze und formte einen Bienenstock aus Tunneln, Treppen, Plattformen und Brücken, die eine gigantische Bibliothek von undurchschaubarer Geometrie erahnen ließen. Mit offenem Mund schaute ich meinen Vater an. Er lächelte und blinzelte mir zu.

»Willkommen im Friedhof der Vergessenen Bücher, Daniel.«

In den Gängen und Lichtungen der Bibliothek verstreut, zeichneten sich ein Dutzend Gestalten ab. Einige von ihnen wandten sich um und grüßten aus der Ferne, und ich erkannte die Gesichter mehrerer Kollegen meines Vaters aus der Gilde der Antiquare. Wie merkwürdig, wie verschwörerisch sahen diese wohlvertrauten Männer auf einmal aus! Mein Vater kniete neben mir nieder, schaute mir fest in die Augen und sprach leise auf mich ein.

»Was du hier siehst, Daniel, ist ein geheimer Ort, ein Mysterium. Jedes einzelne Buch hat eine Seele. Die Seele dessen, der es geschrieben hat, und die Seele derer, die es gelesen und erlebt und von ihm geträumt haben. Jedesmal, wenn ein Buch in andere Hände gelangt, jedesmal, wenn jemand den Blick über die Seiten gleiten läßt, wächst sein Geist und wird stark. Schon vor so vielen Jahren, als mein eigener Vater zum ersten Mal mit mir hierherkam, war dieser Ort uralt. Vielleicht so alt wie die Stadt selbst. Niemand weiß mit Bestimmtheit, seit wann es ihn gibt oder wer ihn geschaffen hat. Ich erzähle dir jetzt, was mir schon mein Vater erzählt hat. Wenn eine Bibliothek verschwindet, wenn eine Buchhandlung ihre Türen schließt, wenn ein Buch dem Vergessen anheimfällt, dann versichern wir uns, die wir diesen Ort kennen, also die Aufseher, daß es hierhergelangt. Hier leben für immer die Bücher, an die sich niemand mehr erinnert, die Bücher, die sich in der Zeit verloren haben, und hoffen, eines Tages einem neuen Leser in die Hände zu fallen. In einer Buchhandlung werden Bücher verkauft und gekauft, aber eigentlich haben sie keinen Besitzer. Jedes Buch, das du hier siehst, ist jemandes bester Freund gewesen. Jetzt haben sie nur noch uns, Daniel. Glaubst du, du wirst dieses Geheimnis für dich behalten können?«

Ich schaute meinen Vater fragend an und nickte dann. Er lächelte.

»Und weißt du das Beste?« fragte er.

Ich schüttelte den Kopf.

»Der Brauch will es, daß jemand, der diesen Ort zum ersten Mal besucht, sich ein Buch aussuchen muß, dasjenige, das ihm am meisten zusagt, und er muß es adoptieren und darum besorgt sein, daß es nie verschwindet, daß es immer weiterlebt. Das ist ein ganz wichtiges Versprechen. Auf Lebenszeit. Heute bist du dran.«

REGISTER

BÜCHER ÜBER BÜCHER

Rainer Groothuis: Wie kommen die Bücher auf die Erde? Über Verleger und Autoren, Hersteller, Verkäufer und: das schöne Buch. Nebst einer kleinen Warenkunde. DuMont, Köln 2000.
Fintentisch. Ein Almanach. Wagenbach, Berlin 1984.
Horst Günther: Das BücherLesebuch. Vom Lesen, Leihen, Sammeln: von Büchern, die man schon hat, und solchen, die man endlich haben will. Wagenbach, Berlin 1992.
Rebekka Habermas / Walter H. Pehle (Hrsg.): Der Autor, der nicht schreibt. Versuche über den Büchermacher und das Buch. Fischer Taschenbuch, Frankfurt am Main 1989.
Christa Jahnson (Hrsg.): Das Buch zum Buch. Reclam, Leipzig 1998.
Marion Janzin / Joachim Güntner: Das Buch vom Buch. 5000 Jahre Buchgeschichte. Schlütersche, Hannover 2006.
Joachim Kalka (Hrsg.): Die argen Bücher. Geschichten für vorwitzige Leser. Fischer Taschenbuch, Frankfurt am Main 1991.
Kursbuch 133. Das Buch. Rowohlt Berlin, Berlin 1998.
Lexikon des gesamten Buchwesens. Hiersemann, Stuttgart, seit 1987. Bisher erschienen Bde 1–4.
Alberto Manguel: Eine Geschichte des Lesens. Volk und Welt, Berlin 1998.
Rainer Moritz: Das Buch zum Buch. Ein ABC der Leselust. Sanssouci, München 2002.
Rainer Moritz: Die Überlebensbibliothek. Bücher für alle Lebenslagen. Piper, München 2006.
Ursula Rautenberg (Hrsg.): Reclams Sachlexikon des Buches. Philipp Reclam jun., Stuttgart 2003.
André Schiffrin: Verlage ohne Verleger. Über die Zukunft der Bücher. Wagenbach, Berlin 2000.
Klaus Schöffling (Hrsg.): Geschichten vom Buch. Insel, Frankfurt am Main 1985.
Peter Suhrkamp: Briefe an die Autoren. Suhrkamp, Frankfurt am Main 1961.
Thomas Tebbe (Hrsg.): Wenn Kopf und Buch zusammenstoßen. Ein Lesebuch übers Lesen. Piper, München 1988.
Tintenfisch 1. Jahrbuch für Literatur. Wagenbach, Berlin 1968.

Von Büchern und Menschen. Frankfurter Verlagsanstalt, Frankfurt am Main 1987–2005.
Wieso Bücher? Wie und mit welchen Absichten überlebt man Bücher, Zimmerbrände und deutsche Umgebung? Oder: Anstiften von Denken und Laune! Wagenbach, Berlin 1994.
Hans Peter Willberg / Friedrich Forssman: Lesetypografie. Hermann Schmidt, Mainz ^{2}2005.
Reinhart Wittmann: Geschichte des deutschen Buchhandels. C. H. Beck, München 1999.
Gabriel Zaid: So viele Bücher. Erstaunliches, Kurioses und Nachdenkliches rund ums Lesen. Übersetzt von Jürgen Neubauer. Campus, Frankfurt am Main 2005.

QUELLENNACHWEIS

Peter Bichsel, Mir kann nichts passieren. In: John Cowper Powys, 100 Beste Bücher. © 1986 by Ammann Verlag AG, Zürich.

Ludwig Harig, Eier und Bücher. In: Tintenfisch 19. Jahrbuch für Literatur. © 1980 by Verlag Klaus Wagenbach.

Jaroslav Hašek, Unter Bibliophilen. In: Jaroslav Hašek, Schule des Humors. Zwölf Lektionen Kurzgeschichten. © 1983 by B & N Bücher und Nachrichten, Frankfurt am Main.

Sándor Márai, Lesen. In: Sándor Márai, Himmel und Erde. Betrachtungen. © 2001 by Piper Verlag GmbH, München.

Reinhard Piper, Vom Glück des Lesens. In: Reinhard Piper, Mein Leben als Verleger. © 1991 by Piper Verlag GmbH, München.

Wilhelm Röpke, Der Buchhändler. In: Wilhelm Röpke, Der Buchhändler. © 1960 by Verlag Hermann Emig, Amorbach.

Bruno Schulz, Das Buch. In: Bruno Schulz, Die Zimtläden und alle anderen Erzählungen. © 1992 by Carl Hanser Verlag GmbH & Co. KG, München.

Peter Suhrkamp, Über das Lesen. In: Peter Suhrkamp, Der Leser. Reden und Aufsätze. © 1960 by Suhrkamp Verlag, Frankfurt am Main.

Robert Walser, Geschwister Tanner. Roman. © 1978 by Suhrkamp Verlag, Zürich und 1985 by Suhrkamp Taschenbuch Verlag.

Kurt Wolff, Vom Büchermachen. In: Kurt Wolff, Autoren / Bücher / Abenteuer. Betrachtungen und Erinnerungen eines Verlegers. © 1983 by Verlag Klaus Wagenbach.

Carlos Ruiz Zafón, Der Friedhof der vergessenen Bücher. In: Carlos Ruiz Zafón, Der Schatten des Windes. Roman. © 2003 by Insel Verlag, Frankfurt am Main.

Olaf Irlenkäuser, geboren 1966, studierte nach einer Buchhandelslehre Slawistik, Germanistik und Osteuropäische Geschichte in Trier, Moskau und Köln und arbeitete als Lektor in verschiedenen Verlagen. Seit 2005 ist er freier Publizist – Autor, Übersetzer und Lektor. Er wohnt in der Nordheide und arbeitet in Hamburg.

Rainer Vollmar, geboren 1967, Schachspieler, Doppelkopfpapst und Buchverrückter, studierte nach einer Buchhandelslehre Germanistik und Buchwissenschaft in Mainz. Seit zwanzig Jahren ist er Buchhändler und Verlagsmitarbeiter. Rainer Vollmar lebt in Frankfurt am Main und ist einer der letzten, der (fast) jedes angefangene Buch zu Ende liest.